당신의 운명을 바꾸는

아이디어사냥

최병광 지음

카피라이터가 알려주는 찰진 아이디어 발상법
당신의 운명을 바꾸는 아이디어사냥

초판 1쇄 인쇄 2017년 11월 8일
　　　　발행 2017년 11월 15일

지은이　최병광
펴낸이　채규선
마케팅　신광렬, 나영란
펴낸곳　세종미디어(등록번호 제2012-000134, 등록일자 2012.08.02)
주 소　경기도 고양시 덕양구 화정동 1141
전 화　070-4115-8860
팩 스　031-978-2692
이메일　sejongph8@daum.net

값 15,000원 ISBN 978-89-94485-37-9 (03320)
ⓒ 2017, 최병광 · 세종미디어

최병광 지음

당신의 운명을 바꿀

유쾌한 아이디어야

세종
MEDIA

CONTENTS

Prologue
아이디어맨이 되는 길은 있다

아이디어맨이 되는 길은 있다

우리는 누구나 아이디어맨이 되고 싶어 한다. 회사에서 새로운 프로젝트를 시작할 때, 혹은 멋진 데이트를 계획할 때, 새로운 고객을 만날 때, 미래지향적인 제품을 개발해야 할 때 우리는 아이디어를 찾는다. 이뿐만이 아니다. 하루 24시간, 일 년 365일 동안 크든 작든 늘 아이디어 사냥을 해야만 하는 것이 우리 인생이다.

그러나 아이디어란 놈은 만만치 않다. 어디에 숨었는지 잘 나타나지도 않고 찾아다녀도 도망만 다니는 놈이다. 머리를 싸매도 나타나지 않고 술을 마셔도 쉽게 정체를 드러내지 않는다. 그렇다고 포기한다는 것은 비겁하다. 그것은 스스로 성공을 포기하는 것과 같다.

나는 누구나 아이디어맨이 될 수 있다고 믿고 있다. 우리는 학교 다니면서 오히려 창의성을 잃어버린 경우가 많다. 태어날 때는 놀라운 창의력을 가졌지만 획일적인 학교교육이 그걸 망쳐놓은 경우도 있기 때문이다. 생각해 보라. 모두가 똑같은 걸 외워야 하고 똑같은 대답을 해야만 하는 학교를. 우리의 교육이 선진국과 근본적으로 다른 것은 바로 이것이다.

공부와 행동이 그나마 자유로운 대학시절에는 사실 놀기에 바빴던 사람들이 많았을 것이다. 학교에서 발표 한 번 제대로 못 해 본 사람이 회사에 들어가 아이디어를 낸다는 것은 기적에 가까운 일이다. 그러나 요즘 학교에서는 창의력을 존중하는 커리큘럼을 많이 추구하고 있고, 대안학교 등에서는 창의력을 높이는 교육을 실천하고 있다. 그런데도 우리 교육이 제자리를 찾는 것은 아직 요원한 느낌이다. 무거운 가방을 메고 학원에 다니는 아이들을 보면 한숨이 나온다.

그렇다고 포기할 필요는 없다. 아이디어는 조금만 연습을 하면 누구나 아이디어맨이 될 수 있다. 아이디어 발상의 방법에는 여러 가지가 있지만 우선 브레인 스토밍법과 카탈로그법을 배워 두길 바란다. 이 두 가지만 잘하면 당신의 아이디어는 두 배, 세 배 이상 높아질 테니. 그것도 하기 어려우면 이 책을 늘 옆에 두고 보라. 이 책을 사랑하는 만큼 당신은 더 탁월한 아이디어맨으로 가는 길에 서 있음을 느낄 것이다.

이 책은 아무 부담 없이 보기를 바란다. 우선 처음부터 끝까지 편하게 한 번 죽 읽어라. 그리고 다음과 같은 문제가 생겼을 때 아무 페이지나 펼쳐 보라.

1. 사람과의 관계가 어렵다는 걸 느낀다.
2. 직장이 불안하다, 진급에 자신이 없다.
3. 내가 하는 일에 자신감이 점점 없어진다.
4. 어떤 글이든 쓰기가 두렵다.
5. 기획서를 쓰기가 점점 어려워진다.

6. 남을 놀라게 하는 아이디어가 영 안 나온다.

7. 윗사람을 빠른 시간 안에 설득해야 한다.

8. 아랫사람과 멋지게 어울려야 한다.

8. 놀라운 신제품을 개발해야 한다.

10. 까다로운 고객을 설득해야 한다.

이 책을 아무 데나 펼치는 습관을 들이면 장담하건대 얼마 가지 않아서 당신은 놀라운 아이디어를 구사하게 될 것이다.

아이디어는 당신의 성공이며 당신의 미래다. 그리고 아이디어 발상법은 당신의 무기라는 걸 잊지 마라.

PART 1

고정관념부터 버리자

고정관념부터 버리자

만유인력의 법칙을 발견한 뉴턴. 그는 어디에서 만유인력의 법칙을 발견한 것일까? 사과? 정확하게 말하면 그건 아니다. 뉴턴이 사과나무 아래에서 떨어지는 사과를 보고 만유인력을 생각해 낸 것은 그에게 연금술의 지식이 있었기 때문이다. 만약 그 지식이 없었다면 뉴턴은 사과를 맛있게 먹어 치우고 말았을 것이다.

영어로 I have no idea라고 하면 '난 뭔지 모르겠다.'로 해석된다. 이 말을 통해서 보면 아이디어는 '아는 것'이다. 즉 아이디어는 하늘에서 뚝 떨어지는 것이 아니고 지식과 경험을 통해서 얻어내는 것이다.

그러면 과연 아이디어는 어디에 있고 어떻게 찾아내는 것일까? 누구나 아이디어맨이 되고 싶지만 누구나 될 수 있는 것은 아니다. 그러나 아이디어는 그 핵심을 알고 훈련을 하면 누구나 아이디어맨이 될 수 있다.

나처럼 늘 아이디어를 사냥해야 하는 카피라이터는 일단 제품과 소비자에서 아이디어를 찾는다. 좋은 카피를 쓰려면 우선 제품 연구, 소비자 연구를 철저히 해야 한다. 카피라이터가 책상머리에 앉아서 아이디어를 찾을 수는 없다. 발로 카피를 써야 한다는 말은 그래서 나온 것이다.

이처럼 아이디어는 우리의 경험에서 시작된다. 직접경험이든 간접경험이든 경험을 많이 해야 한다. 직접경험은 원하는 만큼 많이 못하기 때문에 간접경험을 통해 우리는 지적으로 성숙해지고 풍부한 감성을 가질 수 있다. 간접경험은 주로 독서나 여행, 문화의 감상, 타인과의 대화 등에서 이루어진다.

우리 인간의 감각은 오감, 즉 시각, 청각, 후각, 미각, 촉각과 육감이 있는데 경험은 70%가 시각에 의해 이루어진다고 한다. 즉 눈을 통해 경험과 판단력을 얻게 되는 것이다. 책을 읽고 영화를 보고 여행을 하는 것이 그래서 중요한 것이다. 또 청각은 20%의 역할을 한다고 한다. 오감을 통한 경험이 풍부하면 할수록 아이디어도 풍부해진다.

그런데 경험을 풍부하게 했는데도 왜 아이디어가 잘 나오지 않을까? 이 경우는 대개 고정관념에 묶여 있기 때문이다. 아이디어의 적은 고정관념이다. 고정관념을 해석하면 말 그대로 '고정된 관념'이다. 즉 '유동적인 구체'의 반대개념이라고 할 수 있다. 고정관념에서 벗어나는 노력이 아이디어맨을 만드는 지름길이다. 고정관념을 벗어나기 위한 노력으로 나는 다음 여섯 가지의 훈련을 권한다.

1. 거꾸로 생각하자.
2. 다양하게 생각하자.
3. 상식에서 벗어나자.
4. 처음으로 되돌아가자.
5. 분석적으로 보자.
6. 작고 구체적인 아이디어 발상

THE CLASSIC MEN'S 501®   NOW RE-CUT FOR WOMEN

Shouldn't any Agency's most convincing 'house ad' simply be one of their clients' ads? bbk.com.sg

　　리바이스 광고. 고정관념에 빠져 있다면 이런 아이디어를 낼 수 있을까? 고정관념은 아이디어의 적이다. 안 된다고 생각하면 되는 것이 없다. 된다고 생각하면 늘 길이 보인다.

1. 거꾸로 생각하자

고정관념을 벗어나는 것은 물론 아이디어의 대부분은 거꾸로 생각하는데서 나오는 것이 많다. 그러나 우리가 흔히 역발상을 이야기하지만 쉬운 일이 아니다. 역발상을 잘하기 위해서는 거꾸로 생각하는 습관과 능력이 필요하다. 거꾸로 생각하는 것만으로도 아이디어맨의 절반은 완성될 수 있다. 그만큼 거꾸로 생각하는 훈련은 중요하다.

이런 의문을 가져 본 적이 있는가? '시계는 왜 시계방향으로만 돌지? 거꾸로 돌면 안 되나? 왜 밤에만 잠을 자지?' 시계방향은 인류의 문화가 북반구에서 일어났기 때문에 지금의 시계방향이 생긴 것이다. 호주에 가 보면 거꾸로 된 세계지도가 있다. 그렇게 보니 호주가 세계 중심이 되어 보였다. 이렇게 세상을 거꾸로 보면 전혀 다른 그림이 생긴다. 머리를 무릎 아래로 숙여 세상을 한번 바라보라. 앞에서 보지 말고 뒤에서 보고 순서를 뒤집어 보라.

전철역 입구에서 알림쪽지를 나누어 주는 아주머니를 보고 그걸 구겨서 건네 보라고 했다. 아주머니는 날 이상하게 처다보았다. 사람들은 그 전단을 받아서 구겨 버리고는 가까운 쓰레기통에 버린다. 그러나 그 전단을 구겨서 주면 어떻게 될까? '이것이 뭘까?' 하고 궁금증이 생겨 오히려 펴볼 것이다.

평소에 모든 것을 거꾸로 보고 거꾸로 생각하고 거꾸로 만들어 보는 습관을 기르는 것이 중요하다. '거꾸로 수첩'을 하나 만들어 거기에 이 세상의 모든 것을 거꾸로 해 보는 것을 메모해 보라.

Official sponsor of the New Zealand Alpine Ski Teams.

2. 다양하게 생각하자

현대는 다양화의 시대다. 사람들의 욕구와 생활이 다양하게 발전해
나가고 있다. 모든 분야에서 다양한 일들이 일어나고 가치관이나 직
업 등 모든 면에서 엄청 다양한 모습을 우리는 보고 또 만나고 있다.
소비자들의 욕구도 자꾸 미분화되고 있다. 그러므로 소비자들에게 어

필하려면 전혀 새롭고 다양한 공식으로 접근해야 한다. 유행을 따라가지만 자기만의 개성을 존중하는 것이 요즘의 소비자들이다. 소비자들은 까다롭다. 조금만 고리타분하면 금방 외면해 버린다. 전혀 새롭지 않으면 금방 '아니 아직도 이런 것을?' 하고 투덜댄다.

말장난으로 하는 다양화의 게임이 있다. 예를 들면 산토끼의 반대말이 뭐냐는 것이다. 이에 대한 답은 집토끼, 강토끼, 바다토끼, 들토끼 등이 나올 수 있다. 산을 보통의 산으로 보면 그 반대개념이 이런 것이 나온다. 그러나 산을 '살아 있다'로 보면 '죽은 토끼'가 나오고 '판다'라는 개념으로 보면 산토끼의 반대는 '판토끼'가 된다. 화학의 '산酸'으로 보면 '알카리토끼'도 나온다. 이렇게 하는 것이 다양화의 언어적 훈련이다.

하나의 사물을 두고 다양하게 생각해 보자. 신문 한 장을 보고 이걸로 뭘 할 수 있는지 적어도 100가지는 생각해 보자. 옆에 있는 친구나 애인을 웃기는 100가지 방법을 생각해 보고 메모해 보라. 버스나 거리에서 처음 만난 사람과 친해지는 방법을 100가지 생각해 보고 메모해 보라.

'지하철을 날게 하려면 어떻게 해야 할까? 외계인과 사업을 벌이려면 무엇을 할 수 있을까? 뚱뚱한 여자가 섹시하게 보이려면 오늘부터 뭘 해야 할까?' 등 이상하다고 생각될 만큼 여러 가지 문제를 만들고 다양하게 생각하는 훈련을 하다 보면 어느새 그대는 아이디어맨이 되어 있을 것이다.

3. 상식에서 벗어나자

냉장고는 예전에 여름에만 켜고 겨울에는 꺼 두었다. 그걸 당연하게
여겼다. 냉장고 광고도 여름철에만 나왔지 겨울엔 할 생각도 못했다.
그게 상식이었다. 그런데 지금은 여름에만 냉장고를 사용한다고 하면
이상한 사람이라고 할 것이다. 냉장고는 이제 사계절용 '냉창고'가 되
었다. 상식이 깨진 것이다.

　　예전에는 아이스크림도 여름에만 먹었다. 맥주도 예전에는 여름
에 마셨지만 이제는 계절을 타지 않는다.
　　커피라고 하면 무슨 색이 떠오르는가? 당연히 커피색일 것이다.

그러나 이름도 파란색이고 패키지도 파란색인 커피도 있었다. 장미라면 빨간색을 떠올리는데 파란 장미도 있다. 우리는 빨간색이라고 하면 정열, 뜨겁다 등의 이미지를 갖고 있다. 그러나 코카콜라의 빨간색을 보고는 시원하다고 느낀다.

둘러보면 우리 주위의 상식은 늘 깨어지고 새로운 상식이 자리를 잡는다. 아이디어맨이라면 상식의 흐름을 뒤따라가서는 안 된다. 적극적으로 상식을 뒤집어 보는 훈련을 쌓고 그걸 실천에 옮겨야 한다. '상식 파괴자'가 되어야 남을 압도하는 아이디어를 만들 수 있다.

오늘부터 주변의 상식을 깨는 훈련을 하자. 일하는 방법, 생각, 순서, 디자인, 제품의 사용용도 등 뭐든지 좋다. 지금까지의 상식을 깨는 습관만 잘 들이면 아이디어맨으로 한 발 더 가까이 가게 된다.

4. 처음으로 되돌아가자

아주 쉬운 질문을 하나 해 보자. '무지개 색깔은 무엇인가?' 아마 대개 '빨주노초파남보'라고 대답할 것이다. 틀린 대답은 아니다. 그러나 정확한 대답도 아니다. 우리는 학교에서 그렇게 배웠다. 빨주노초파남보의 일곱 가지 색깔이 가장 선명하게 보이는 건 사실이지만 무지개는 일곱 가지가 아니라 빨강에서 보라까지 무한대의 색깔을 가지고 있다. 다만 편의상 일곱 가지로 나누어서 보는 것뿐이다. 학교에서 배운 사실은 진리가 아닌 것도 많다. 그냥 사실일 뿐이다. 피아노나 기타 같은 악기를 생각할 때 그 중요 재료인 나무부터 생각하는 것, 그것이 원초적 사고이다.

학교교육은 이렇게 획일적인 사실을 강요하는 것이 많다. 그러다 보니 총명하고 창의적인 아이들을 똑같은 대답을 안고 사는 바보로 만드는 것이다. 무지개의 색을 처음부터 다시 생각하는 것! 이런 것이 원초적 사고이다. 원초적 사고는 사물을 보는 새로운 힘을 준다.

우리가 알고 있는 사실, 그것의 처음 모습이나 본래의 모습이 무엇인가를 생각해 보자. 남과 똑같은 답을 가지고 있다면 결코 아이디어맨이 될 수 없다. 노트를 펴고 학교에서 배운 상식과 사실들에 대해 원초적 답을 다시 찾아보라. 처음부터 다시 생각을 시작하는 습관을 들여라. 그러면 그대는 남과 다른 생각과 아이디어를 펼치게 될 것이다.

또 한 가지, 우리 주위의 사물들을 다시 보라. 그 물건이 없던 때를 생각하고 그것을 처음 만든 사람의 심정으로 되돌아가 그 물건을 보라. 그러면 그것을 만든 사람의 아이디어를 느끼게 되고 어쩌면 더 발전적인 물건으로 변화시킬 아이디어를 찾을 수 있을지도 모르는 일이다.

5. 분석적으로 보자

청하라는 술이 있다. 예부터 따끈하게 데워 먹는 술인 청주를 차게 마시도록 만든 아이디어 상품이다. 거꾸로 생각한 성공작인 것이다. 이 청하의 맛을 아는가? 청하에 담긴 다섯 가지 맛은 무엇일까? 기회가 된다면 청하를 마시면서 그것에 담긴 다섯 가지 맛을 찾아보라.

아마 사람마다 다르겠지만 다섯 가지 맛이라면 단맛, 신맛, 짠맛, 매운맛, 떫은맛 등을 찾을 수 있을 것이다. 물론 5미가 아니라 6미 7미가 나올 수도 있다. 중요한 건 분석적으로 본다는 것이다. 우리는 어떤 사물을 볼 때 그것을 두루뭉술하게 보면 아이디어가 나오지 않는다. 나누고 쪼개고 어느 부분을 확대하면 거기서 아이디어가 나오게 마련이다.

유명한 광고인 오길비는 새로 나온 롤스로이스 광고를 맡았을 때 그 차를 분석하고 또 했다. 결국 '시속 100킬로미터로 달리고 있는 이 롤스로이스에서 나는 가장 큰 소리는 시계소리입니다.'라는 광고를 만들었다. 조용하다는 것을 분석을 통해 이렇게 표현한 것이다.

에디슨이 왜 발명왕이 되었는가? 거꾸로 생각하고 분석해 보고 그래서 거기서 새로운 생각의 실마리를 찾았던 것이 발명왕으로 이끈 것이다. 그대가 지금 늘 아이디어를 생각해야 하는 직업을 가졌다면 새로 맡은 프로젝트나 제품을 분석해 보는 습관을 들이도록 하라. 그러면 경쟁사와는 다른 콘셉트와 아이디어를 찾을 수 있을 것이다.

사람도 그렇다. 모든 면에서 완벽한 사람은 없다. 사람을 전체로 보지 말고 그 사람을 하나씩 뜯어보라. 그러면 반드시 매력적인 부분과 장점이 보일 것이다. 분석은 새로운 아이디어를 찾는 좋은 방법이란 걸 명심하자.

6. 작고 구체적으로 다가가자

고정관념을 벗어나기 위해서 앞에서 말한 다섯 가지, 즉 '1.거꾸로 생각하라 2.다양하게 생각하라 3.상식에서 벗어나라 4.처음으로 되돌아가라 5.분석적으로 생각하라'를 습관화하여야 한다.

이 다섯 가지 고정관념을 벗어나는 것이 습관이 된 후에는 아이디어를 표현할 때 작고 구체적으로 하여야 완성이 된다. 우리가 깜짝 놀랐을 때 '간이 콩알만 해졌다.'고 한다. 이게 작고 구체적인 표현이다. 키가 크다고 하지 않고 저 사람은 키가 183센티라고 해야 한다. 그러면 듣는 사람이 키가 크구나 하고 느낀다. 색깔도 우리는 구체적으로 표현하는 걸 좋아한다. 하늘색, 가지색, 쥐색, 똥색…… 등.

아이디어는 대개 이런 구체적인 표현을 해야만 새로운 아이디어로써 가치를 지니게 된다. 예를 들어 보자. 신혼부부들이 사는 아파트에 꽃집을 만들었고 만약 동네 사람들에게 어필하여 꽃을 잘 팔려면 어떻게 해야 할까? 꽃집에서 꽃을 팔 때, 단순히 꽃을 사라고 한다면 안 된다. 꽃을 사고 싶도록 만들어야 한다. 그러기 위해서는 구체적인 동기유발을 해야 한다.

'거실에 꽃을 꽂으세요.'라고 한다면 동기유발의 힘이 조금 있다. 그러나 '꽃이 있는 거실에서 커피를 드세요.'라고 한다면 더 좋은 카피가 된다. '꽃이 있는 거실에서 남편과 비발디를 들으세요.'라고 한다면 멋진 카피가 된다. 비발디를 듣든 비틀스를 듣든 가요를 듣든 그건 주부의 자유다. 그리고 이런 카피라면 아주 훌륭한 것이다.

> '오늘 저녁, 백합 세 송이를 창가에 두고 남편과 함께 비발디를 들어 보세요.'

문제는 꽃을 사고 싶도록 만드는 동기유발, 즉 구매동기를 구체적으로 주어야 한다는 것이다. 평소에 구체적인 표현을 하는 훈련을 하자. 아름답다고 하지 말고 보는 사람이, 듣는 사람이 아름답다고 느끼도록 하자. 섹시한 여자라는 표현도 추상적이다. 섹시하다고 느껴지도록 해야 한다. 이런 구체적인 아이디어 발상은 머리로만 알고 있다고 되는 것이 아니다. 노트에 구체적인 표현 연습을 하고 좋은 아이디어가 있으면 그것을 문장으로 표현해 보는 것이 좋다.

강신재가 쓴 〈젊은 느티나무〉라는 소설 첫머리가 '그에게서는 언제나 비누 냄새가 난다.'라고 했다. 가슴 설레는 이성을 처음 본 느낌을 이렇게 표현했다. 이 문장은 아주 훌륭한 구체적인 표현이다.

7. 새로운 아이디어를 찾는 방법

지금까지 말한 고정관념에서 벗어나는 훈련을 평소에 하면 좀 더 훌륭한 아이디어맨이 될 수 있다. 그리고 다음의 방법을 머리에 넣고 아이디어를 생각해 보라.

1. 습관을 깨고 예상치 못한 일을 생각하라.
2. 다른 사람들이 '왜 그걸 생각 못했을까?' 하는 것을 찾아보라.
3. 작은 아이디어, 평범한 아이디어 두 개를 하나로 만들어 보라.
4. 잘 알려진 것과 잘 알려지지 않은 것과 결합해 보라.
5. 시도해 보지 않은 것을 받아들여질 만한 것과 결합해 보라.
6. 오래된 것과 새로운 것을 결합하라.

7. 무엇인가를 입증해 보라.

8. 시각에 호소하라.

9. 청각에 호소하라.

10. 후각에 호소하라.

11. 평범하게 진행되는 것의 시기를 변경해 보라.

12. 평범한 방법일 경우 그 방법을 변경해 보라.

'제임스 웹 영'이라는 사람은 아이디어 개발법을 통해 다음의 순서대로 아이디어를 찾으라고 권하고 있다. 그는 아이디어 발상의 단계를 자료수집-소화-망각-발상-적용 등 다섯 가지로 나누고 있다.

1. 자료수집단계 : 첫 번째 단계로써 도움이 될 만한 모든 것들을 수집하고 자신의 마음속에서부터 시작해서 모든 서류철을 뒤져보고 외부로부터 쓸 만한 것들을 모두 찾아내는 것을 말한다.

2. 소화단계 : 모든 정보들을 검토해 보고 서로 어떤 연관들이 있는지, 또 해결해야 할 문제와 어떤 연관이 있는지 파악하는 단계이다.

3. 망각단계 : 문제를 잊어버리고 다른 일에 몰두하고 편안하게 무의식으로 보내는 단계이다.

4. 발상 : 얼마간의 시간이 지난 뒤 예기치 못한 장소에서 새로운 콘셉트를 떠오르게 하는 것이다.

5. 적용 : 떠오른 아이디어를 다듬는 작업을 하고 엄밀하게 검토한 후에 정말 해볼 만한 가치가 있는 것으로 발전시키는 단계이다.

PART 2

아이디어 사냥 55

1. 거꾸로 보라

폭스바겐은 주차를 도와주는 기능을 이렇게 설명했다. 차 앞이 아니라 뒤에 운전석이 있듯이 주차를 편하게 도와준다는 점을 강조하기위해 역발상을 했다.

누구나 똑같은 순서로 비슷한 이야기를 하는 것에 식상해
있는 상황에서 순서를 거꾸로 하면 보는 이의 눈을 번쩍!

"다른 회사와 똑같은 방법으로 하면 안 되겠어. 다른 방법을 찾자."

기획부장은 이렇게 말했다. 로켓배터리로 유명한 세방전지의 광고수주 경쟁 프레젠테이션을 앞두고 D기획의 담당 부장은 이렇게 말했다. 수십억에 달하는 광고비를 두고 경쟁에 참여한 광고회사는 국내 최고의 광고회사 네 군데, 경쟁이 치열할 수밖에 없었다.

"우리는 결론부터 내세우자! 시장상황이니 하는 것은 모두 뒤로 보내고."

부장의 의견에 따라 그렇게 하기로 했다. 보통 광고 기획서라면 제품분석/시장분석/소비자분석/광고콘셉트/크리에이티브/매체계획 등의 순서로 작성하고 이에 의해 프레젠테이션을 한다. 그러나 D기획은 거꾸로 하기로 했다. 결론에 해당되는 크리에이티브를 먼저 제시하기로 했다. 남들이 다 제시할 분석자료는 뒤로 보내어 참고자료로 설정했고 결론부터 이야기하기로 했다. D기획이 내세운 크리에이티브는 '힘 좋고 오래갑니다.'라는 카피로 집약되었다. 그 카피 한 줄을 먼저 내세우고 프레젠테이션에 참여한 결과 D기획은 세방전지의 광고를 수주하는 데 성공했다. 광고주의 입장에서 봐도 그렇다. 누구나 똑같은 순서로 비슷한 이야기를 하는 것에 질려 있는 상황에서 결론부터 먼저 들으니 눈이 번쩍 뜨인 것이다.
논리를 전개하는 데는 여러 가지 방법이 있지만 그중 가장 많이 쓰이는 것이 귀납법과 연역법이다. 귀납법은 먼저 여러 가지 사례를 내세우다가 마지막에 결론을 내는 방법이고 연역법은 먼저 결론을 낸 후 이에 대한 근거를 제시하는 방법이다. 보통 우리의 생각은 귀납법으로 전개된다. 그렇게 교육받았고 그런 식으로 습관이 되어 있기 때문이다.

그러나 이를 뒤집어 먼저 결론부터 내리고 이에 대한 근거를 찾는 방법을 쓰면 이외로 문제가 쉽게 풀릴 수가 있다. 가설을 내려놓고 이에 대한 증명을 하다 보면 새로운 이론이 나올 수도 있고 새로운 해결책이 나올 수도 있다. 문제가 생기면 처음부터 풀어가는 것도 방법이지만 먼저 바람직한 결론부터 가설로 내세우고 이를 해결하기 위한 방법을 찾으면 의외로 신선한 아이디어가 나오기 마련이다. 연역적 사고! 이것은 놀라운 결과를 만들어 줄 수 있는 힌트라는 것을 기억하자.

높이뛰기라는 스포츠가 있다. 4미터 정도 넓이의 장대를 가로 세워놓고 달려가 그걸 뛰어넘는 높이로 승부를 가리는 것인데 올림픽이나 육상대회를 보면 사람이 그렇게 높이 뛸 수 있다는 사실이 놀랍기만 하다. 하기야 동물이나 곤충은 자신의 키보다 수십 배나 높이 뛰는데 인간은 겨우 자기 키 정도의 높이로 뛰는 것도 어렵다. 메뚜기나 방아깨비 같은 것도 무척 높이 뛰지만 벼룩은 자기 키의 100~200배를 뛴다니 정말 대단한 일이 아닐 수 없다. 벼룩이 인간의 높이뛰기 실력을 본다면 비웃을지도 모를 일이다.

그래서일까. 사람들은 점점 더 높이뛰기 위해 여러 가지 방안을 생각하고 새로운 방법을 찾았다. 그중의 하나가 배면뛰기이다. 배면뛰기는 거꾸로 뛰는 것인데 1968년 멕시코 대회에서 미국의 딕 포스베리가 처음 이를 시도하여 올림픽 신기록을 세웠다. 앞으로만 뛰어야 한다는 상식을 깨고 등을 돌려 뛰는 아이디어가 새로운 기록을 창조한 원동력이 된 것이다. 딕 포스베리 이후 모든 선수들은 배면뛰기를 하게 되고 기록은 계속 갱신되어 왔다.

우리가 생각하는 아이디어 발상의 대부분은 거꾸로 생각하기에서 시작한다는 점을 잊지 말자. 뭐든지 거꾸로 해 보는 것을 습관화하고 이를 적극 활용하라.

예를 들어 거꾸로 가는 버스가 있다면? 운전기사가 뒤에서 운전을 하든지 뒤로 달리든지 그건 생각하는 사람의 자유다. 혹은 거꾸로 뒤집혀져 달리는 버스면 어떤가? 밥을 먹을 때도 반찬부터 먼저 먹지 말라는 법은 없다.

보통 맛있는 것과 맛없는 것이 있을 때 그대는 무엇을 먼저 먹는가? 맛있는 걸 먼저 먹는 사람은 돈키호테형이라고 한다면 맛있는 걸 아껴 두는 사람은 햄릿형이라고 할 만하다. 일단 저지르고 보는 돈키호테형이라면 거꾸로 해 보라. 또는 너무 생각을 많이 하는 사람은 일단 저지르고 보는 습관을 붙여 보라. 거기에서 새로운 아이디어가 출발한다. 잡지를 볼 때 나는 가끔 뒤에서부터 본다. 신문도 마찬가지다. 그렇게 본다고 해서 누가 뭐라고 할 사람은 없다.

우리의 생활, 습관, 생각, 규칙 등의 순서, 위치, 방법, 논리 등을 거꾸로 해 보라. 거기엔 반드시 놀라운 세계가 존재하고 있다.

2. 상식을 깨라

유기견을 입양하자는 광고 캠페인이다. 강도짓을 하는 주인을 도와
CCTV를 돌려놓는 강아지. 주인이 비록 강도짓을 하더라도 강아지는
배신하지 않는다는 점을 강조한 것이다. 강아지와의 행복한 모습을
보여 주는 상식을 깨고 범죄를 표현했다.

코카콜라의 빨간색은 더 이상 뜨거운 색깔이 아니다.

빨간색을 정열적, 뜨거움으로만 생각한다면

상식에 빠진 답답한 사람이 될 것이다.

코카콜라를 보고 상쾌한 미각을 연상하는 것이

새로운 상식이다.

옛날에는 지구가 평평하다고 믿었다. 그때 누가 지구가 둥글다고 생각했겠는가? 그렇다면 거꾸로 매달려 있는 사람들은 모두 떨어질 수밖에 없을 텐데……. 그리고 우리의 좁은 시야로는 도저히 둥근 지구의 모습을 볼 수 없었다. 그러나 수평선을 바라보며 왜 수평선이 있는가 하는 의문에서 새로운 상식이 시작되었을 것이다.

지구가 평평하다는 상식을 깨고 둥글다고 맨 처음 생각한 사람은 피타고라스라고도 하고, 아리스토텔레스라고도 한다. 아리스토텔레스는 이미 기원전 350년에 월식이 일어날 때 달에 비친 지구의 모습이 둥근 것을 보고 지구가 둥글다고 주장했다고 한다. 그러나 이를 실천에 옮긴 사람은 콜럼버스였다. 그의 도전정신의 원동력은 지구가 둥글다고 생각한 '몰상식'이었다. 지구가 평평하지 않다는 그의 생각은 결국 진실로 밝혀졌다. 그의 '몰상식'적 생각과 도전정신이 새로운 대륙의 발견으로 이어진 것이다. 지구의 새로운 역사가 만들어진 것은 바로 이 때문이었다.

하늘이 돈다는 천동설은 오랫동안 정론으로 여겨져 왔다. 지구가 도는 것이 아니라 하늘이 돈다는 천동설은 150년경 그리스의 K.프톨레마이오스에 의해 주창되었고, 이 천동설은 중세까지 거의 1400여 년간 태양계의 운동을 설명하는 유일한 이론으로 이어져 왔다. 그러나 1543년 폴란드의 코페르니쿠스는 그의 책 〈천구의 회전에 관하여〉에서 태양 중심설을 제창하였다. 이것이 지동설의 시작이었다.

코페르니쿠스는 이 책에서 태양으로부터 가까운 순으로 수성·금성·지구·화성·목성·토성 등의 행성들이 배열되어 있으며 각 행성들은 일정한 속도를 가지고 태양 주위를 원을 그리며 운동한다고 생각했다. 이에 대한 관측 자료를 제시한 것이 J.케플러인데 케플러와 같은 시대에 살았던 이탈리아의 천문학자 갈릴레오 갈릴레이는 1632년 출간된 그의 저서 〈프톨레마이오스와 코페르니쿠스의 두 대우주 체계에 관한 대화〉에서 코페르니쿠스의 태양 중심설이 옳다고 주장하였다. 그는 이 때문에 로마 교황청으로부터 미움을 받았다. 이들이 전해져 내려오는 상식에만 빠져 있었다면 새로운 이론은 나오지 않았을 것이다.

우리는 늘 상식에 머물러 생각하고 상식선에서 사물이나 사람을 바라본다. 이를테면 시계방향이라는 것이 있다. 누구나 알고 있는 그 방향의 상식은 그러나 고정관념이 된다. 시계가 오른쪽에서 왼쪽으로 돌아가는 방향은 문명이 북반구에서 발달되었다는 것을 나타낸다. 시계방향은 지구의 자전과 관계있기 때문이다. 즉 남반구에서 시계를 먼저 만들었다면 지금과는 반대로 돌아갈 것이라는 것이다.

그동안 인류가 가장 많이 사용했던 해시계는 북반구에서 발달했는데 해시계의 그노몬Gnomon은 오른쪽 방향으로 회전하게 되어 있다. 해시계 시반에서 그노몬 그림자의 오른쪽 회전은 북반구에서는 지구의 자전으로 생긴 자연스러운 현상이며 절대 변할 수 없다. 아무도 이 방향을 바꿀 수는 없다. 지구 남반부의 문화발달은 잉카 문명과 마야 문명 그리고 오스트레일리아 대륙 정도인데 유감스럽게도 잉카 문명의 시간 발달에 대한 기록은 중세 유럽의 침략자들에 의하여 완전히 파괴되었으며 오스트레일리아 대륙은 문명이 발달된 곳이라고는 할 수 없다. 그러다 보니 북반구의 해시계 방향이 오늘날 시계방향이 된 것이다. 물론 지금 우리는 거꾸로 가는 시계를 만들 수 있다. 시계방향의 고정관념에 묶여 그렇게 하지 않을 뿐이다. 자, 이제 고정관념에서 벗어나 당신은 시계방향의 상식을 깰 용기가 필요하다. 우리가 학교에서 배운 지식들은 사실일 뿐이고 진실이 아닌 경우가 많다.

예전에는 겨울에 아이스크림을 먹지 않았다. 팔지도 않았다. 그것이 상식이었다. 그러나 겨울에 아이스크림을 먹지 않는다는 상식은 깨진 지 오래다. 처음에는 겨울에 먹어도 별로 차게 느껴지지 않게 과자나 떡을 첨가한 아이스크림이 겨울용으로 나왔다. 이제는 거의 모든 아이스크림이 겨울에도 팔리고 있다. 냉난방이 발달되고 의식이 변화된 탓이다. 다시 말해 상식이 깨진 것이다. '겨울이 되었으니 냉장고를 끄자.'라고 말한다면 이상한 사람 취급을 받을 것이다. 그러나 냉장고가 처음 보급되었을 때는 겨울에는 사용하지 않은 경우가 많았다. 그것이 상식이었기 때문이다. 그러나 그 상식도 이제는 웃음거리가 되었다. 겨울에도 이제는 두꺼운 옷을 입지 않는다. 아파트 생활은 겨울에도 속옷차림으로 살도록 만들었다.

IT산업의 발달은 상식의 탈출에서 이루어지고 있다는 것을 명심하라. 사이버 세상은 새로운 상식이 되었다. 그런 세상을 이해하지 못하고 사이버 세상에 들어가는 방법을 모르고 있는 사람들도 있다. 인터넷은 매일 기존의 상식을 깨고 새로운 상식을 창조해 낸다. 무섭게 변하는 세상의 핵심에는 상식의 파괴라는 것이 존재한다.

빨간색이 뜨겁다는 상식으로 바라보면 코카콜라는 뜨거운 음료가 될 것이다. 순서, 색깔, 맛, 방향 등의 상식에서 벗어나라. 학교에서 배운 단답형의 상식 버릇을 당장 탈출하라. 생활 속에 깊숙이 뿌리내린 모든 상식을 일단 거부하고 새롭게 보라. 현재의 상식을 먼저 깨는 것이 내일의 새로운 사람을 창조하는 지름길이다.

3. 앞에서 가라

미얀마 거리의 철학자. 나는 십수 년 전, 그러니까 2000년 초반에 이미 미얀마를 여행했다. 남보다 훨씬 앞서 가 보았다. 요즘 들어 미얀마는 새로운 여행지로 각광받고 있다.

다른 사람의 생각보다 너무 멀리 앞서가는 것보다
한 발자국 정도 앞서는 것이 공감을 불러일으키는
새로운 전략이 된다.

군대에서 구보를 할 때 앞에서 뛰는 것이 편할까? 뒤에서 뛰는
것이 좋을까? 남을 뒤따라가는 것이 편할 것 같지만 뒤에 서면 자꾸

처지게 되고 더 힘이 든다는 것은 경험해 본 사람은 안다. 오히려 앞에서 뛰면 힘이 덜 든다. 모든 일이 그렇다. 뭐든지 먼저 하는 것이 편하고 즐겁다. 기왕 맞는 매 먼저 맞는다는 말도 있잖은가! 예를 들어 매일 아침 상사가 커피 심부름을 시키면 시키기 전에 먼저 해 보라. 즐거운 마음으로. 그러면 힘도 들지 않고 상대방도 나를 인정하게 된다. 억지로 하면 그것이 얼굴에 나타나게 마련이다. 그러나 즐겁게 먼저 하면 그 표정이 상대방에게 전달되고 결국 나에게 여러 가지 기회가 더 생기는 것이다.

아이디어도 마찬가지. 남이 해 놓은 걸 따라가면 그건 아이디어가 아니다. 남이 미처 생각 못하는 것을 먼저 생각하는 것이 굿 아이디어다. 인류의 역사에서 남이 미처 생각 못했던 것을 앞서 생각한 사람들이 역사를 바꾸었다. 다른 사람의 생각보다 한 발자국 정도 앞서는 것이 정말 훌륭한 아이디어가 된다는 것을 기억하라.

남보다 조금 앞서서 생각하고 이를 실천해서 성공한 사례는 무수히 많다. 화장품의 예를 보자. 고급 브랜드들이 판을 치는 고급백화점에 발 디딜 틈이 없이 북적대는 국내 화장품 매장이 들어섰다. 비싸야 잘 팔리는 고급백화점에서 국내의 저가 화장품 매장에 사람들이 북적거리기 시작했다. 처음 등장할 당시 화장품 업계는 인터넷 쇼핑몰의 등장으로 오프라인 매장수가 현저히 줄어들고 있었다. 모든 화장품 업계는 큰 고민에 빠졌었다. 이때 인터넷 전문 브랜드였던 M 화장품은 온라인 고객층을 기반으로 오프라인으로 사업을 확장하기 시작했다. 기존에 100만 명 여성 회원을 보유하고 있던 온라인 사이트를 통해 온-오프라인 마케팅을 펼쳤다. 이 저가 브랜드는 3년이 지난 뒤에는 천억 원대의 매출액을 목표로 하는 화장품 업계의 혜성이 되었다. 그 후 지속적 전략이 없어서인지 고급백화점에서는 많이 물러났지만 여전히 인기 많은 브랜드로 남아 있다.

기존의 고급화 전략을 고수해오던 대기업이 미처 생각하지 못했던 인터넷 세대의 흐름을 읽은 것이 바로 백화점 매장까지 진출할 수 있었던 비결이다. 온라인 회원들을 대상으로 제품기획에서부터 홍보까지 적극 이용하였고 저가의 가격으로 등장한 이 브랜드는 화장품 업계의 큰 충격이 되었다. 이후 비슷한 형태의 브랜드 매장들이 수없이 쏟아지기 시작했다. 기존의 고급화 전략만을 고수했다면 화장품 업계에 이런 역사는 쓰이지 않았을 것이다. 멀리 앞선 것은 아니었다. 남보다 조금 앞섰을 뿐이다. 그것이 성공의 비결이었다.

모두가 고급 화장품을 찾고 비싼 것이 좋다는 통념을 갖고 있는 상식에 날카로운 비수를 꽂은 것이 성공의 비결이었다. 남보다 조금 앞선 생각이라는 비수였다. 화장품을 생활에 없어서는 안 될, 늘 가까이 두는 생활필수품으로 인식을 바꾸어 준 것은 대단한 일이었다. 무엇보다 현재의 상황만 보지 않고 내일 혹은 일주일, 한 달, 일 년 뒤에는 어떻게 될 것인지 미리 생각하라. 생각이 앞서면 행동이 앞서고 행동이 앞서면 성공과 출세가 앞서게 된다.

예들 들어 화장품 회사에서 새로운 미백 화장품을 개발한다고 치자. 이 화장품은 기존의 미백 효과보다 훨씬 탁월하다고 치자. 조금 생각을 앞서서 해 보자. 그 미백 화장품이 개발되면 우선 여자들이 좋아할 것이다. 얼굴이 하얘지기를 바라는 여성들에게 어필할 수 있다. 이 정도는 누구나 생각할 수 있는 것이다. 더 앞서서 생각하면 뭐가 있을까? 미백 화장품은 남성에게도 어필할 수 있고 동남아나 아프리카 같은 곳의 시장을 개척할 수도 있다. 자, 남자들의 경우를 보자. 꽃미남 시대라고 하여 여자처럼 예쁘장하게 생긴 남자들이 인기를 끌고 있다.

이런 현상이 얼마나 갈지는 모르겠지만 실제로 남자들도 얼굴이 검어서 고민하는 사람이 많다는 걸 알아야 한다. 화장품이라고 해서 여성 소비자만 생각하면 안 된다.

베트남 같은 나라에서는 미백 화장품은 큰 인기를 얻는 것이 당연하다. 그런 나라에서 어떻게 마케팅을 할 것인지 미리 사례를 연구하고 시장상황이나 소비자 태도 등을 조사하면 분명 동료들보다 앞서가는 사람으로 인정받을 것이다.

남들이 여성 소비자를 이야기할 때 남성 소비자도 생각하고 국내시장을 토론할 때 해외시장을 연구하라.

외모지상주의라고 한다. 여성들은 화장과 성형수술에 관심이 많고 남자들도 피부미용과 패션에 많은 투자를 하고 있다. 외모지상주의라 해서 여성만 혹은 10대, 20대만 신경 쓰는 것은 아니다. 30~40대의 남성도 외모에 관심이 많다는 걸 알아야 한다. 그런 욕구를 채워 줄 생각을 아무도 안 했기 때문에 지금까지 그런 시장이 형성되지 않았을 뿐이다. 앞으로 할아버지, 할머니의 외모 욕구를 채워 줄 제품이 나오지 말라는 법은 없다.

화장품 소비자를 젊은 층만 생각해서는 안 된다. 또 화장품 광고를 꼭 멋스러워야 한다고만 생각하지 마라. 지금까지는 모두 그랬다. 예쁜 여자가 멋있게 나오는 것이 화장품 광고의 상식이었다. 그 상식을 앞선 것이 화장품 광고의 유머 소구였다.

패션회사에서는 보통 6개월을 먼저 생각한다. 겨울에 이미 봄, 여름옷을 기획하고 만들어야 하는 것이다. 앞서 가지 않으면 패션이 아니다. 패션 광고도 몇 개월 앞서서 찍는다.

4. 뒤에서 보라

모두가 빨리 빨리 앞서 갈 때 천천히 뒤에서 가면 어떨까?
앞서 갈 때 보이지 않던 것들이 하나둘씩 보이기 시작한다면
거기에 새로운 기회가 출발하는 지점이 된다.

다이어트음료 광고. 살이 찌면 애견도 못 찾는다는 점을 뒷모습을 통해 보여 준다. 코믹한 장면을 통해 제품의 특징을 설명하고 있다.

Perca peso bebendo. Beba Camp Light.

　'빨리빨리'를 좋아하는 대한민국 사람. 그래서 남보다 앞서는 것을 좋아하고 남보다 앞선 것을 자랑하고……. 세계에서 첫 번째를 너무 좋아하는 대한민국 사람들 그리고 대한민국 기업들. 신문이나 텔레비전에서는 세계에서 첫 번째로 개발했다는 제품 소개가 자주 나온다.

　우리는 어릴 때부터 남보다 공부도 앞서야 했고 출세도 앞서야만 했다. 부모님이나 선생님들은 늘 그걸 원했다. 남보다 뒤처지는 것을 용서하지 않았다. 그래서 그런지 세계에서 가장 앞서고 싶고 앞선 것을 좋아한다. 뭐 굳이 그게 나쁘다는 것은 아니다. 첫 번째가 되고 싶어 하는 욕구가 에너지가 된다. 발전의 원동력이 된다. 그러나 모두

가 앞만 보고 달려가는 가운데, 한 걸음 뒤에 서서 바라보면 어떨까? 모두가 빨리빨리를 외칠 때, 천천히를 주장하면 어떨까?

내가 신입사원 시절에 파트너였던 어느 여자 디자이너는 매사를 느긋하게 했다. 성질이 급한 나로서는 숨이 넘어갈 지경이었다. 그 디자이너는 느리다고 해서 결과가 나쁜 것도 아니었다. 언젠가 한 번은 소비자에게 보낼 봉투를 붙이는데 나는 요령을 피운다고 봉투를 좌악 펴서 일단 먼저 모든 봉투에 한꺼번에 풀칠을 하고 그리고 봉투를 붙여나갔다. 말하자면 혼자 하는 컨베이어 시스템이었다. 물론 그 방법은 시간을 절약해 주었다. 그녀는 봉투 하나에 풀칠을 하고 붙이고 난 뒤에 다시 풀칠을 하는 것이 아닌가. 내 눈에는 느리고 답답해 보였다. 그녀가 붙인 것은 비록 시간이 더 걸렸지만 꼼꼼하게 잘 붙여져 있었다. 그 일을 하는 그녀의 얼굴에는 행복한 표정이 깃들어 있었다. 나는 일을 쳐내기에 바빴고 그녀는 그 일을 즐긴 것이었다.

햄버거나 김밥 같은 것을 패스트푸드라고 한다. 그 반대 개념은 슬로푸드로 말 그대로 패스트푸드의 반대개념이며 조리시간이 필요한 음식을 말한다. 전통적인 우리나라 음식은 대부분 슬로푸드다. 간장, 된장, 고추장, 젓갈, 김치같이 오래 숙성하거나 발효시켜서·먹는 음식을 말한다. 슬로푸드가 각광을 받는 것은 다행이다. 우리의 고유한 맛과 음식문화를 찾는 것은 중요한 일이기 때문이다.

김치가 제대로 익으려면 얼마나 걸릴까? 겉절이야 금방 해서 먹을 수 있지만 김치는 적어도 8일간의 숙성기간이 필요하다. 김치를 담근 후 8일간의 숙성이 그 이후 120일간의 김치 맛을 좌우한다고 한다. 요즘 숙성김치의 인기가 좋다. 정선에서는 탄광굴에서 100일간 숙성시킨 김치도 있고, 3년 숙성한 김치도 있다. 잘 숙성시킨 김치는 입에서 살살 녹는다고 하니 시간이 맛을 만든 셈이다. 요즘 빨리빨리는 외치는 한국인은 김치의 미학을 배워야 한다. 김치도 사랑도 천천히 익어야 제맛이 나는 법이다.

화이트와인은 포도 껍질을 벗긴 것이고 레드와인은 껍질째 만든 술이다. 포도 껍질에 든 여러 성분 중 특히 탄닌 성분은 시간이 가면서 와인의 맛을 깊고 풍부하게 만든다. 최근에는 그 해에 수확하여 만든 보졸레누보라는 와인도 있지만 역시 와인은 오랜 숙성의 맛이 제격이다.

자, 그대의 하루는 어떤가? 그대 회사에서의 하루는 어떤가? 모두가 정신없이 바쁜 세상이다. 컴퓨터 앞에서나 전화기를 들고서 모두가 앞으로 전진만 추구하고 있다. 이럴 때 한 발자국 뒤로 물러나서 보라. 남들이 보지 못하는 것을 발견할 수 있을 것이다. '뒤'라는 단어에는 두 가지 의미가 있다. 하나는 공간적 뒤이고 또 하나는 시간적 뒤다. 둘 다 중요한 '뒤'이다. 공간의 개념에서는 '뒤에서 가라.'가 될 것이고 시간의 개념에서는 '천천히 가라.'의 뜻이 된다.

우리말에 전철前轍을 밟지 말라는 것이 있다. 앞 사람의 실수를 되풀이 하지 말라는 이야기다. 제품이나 사람도 뒤에서 보라. 그러면 전혀 새로운 감각을 느끼거나 새로운 모습을 발견할 수 있을 것이다.

우리는 자동차의 경우 앞에서만 보지 않는다. 뒷모습도 중요시한다. 다른 일이나 다른 제품에서는 그런가? 일테면 소주병의 바닥은 잘 보지 않는다. 텔레비전의 뒤를 보려고 하지 않는다. 예쁜 여자의 앞모습만 보고 좋아한다.

우선 뒤에서 보는 습관을 기르자. 경쟁자의 뒤에서 경쟁자의 태도를 보라. 경쟁회사의 제품의 뒤를 보라. 경쟁 브랜드의 뒤를 파고 들어가라. 조금 쉬었다가 뒤에서 뭔가를 살펴보라. 거기에 기회가 있고 새로운 아이디어가 번쩍하게 된다.

남보다 천천히 가면서 숙성의 시간을 가지도록 하라. 아이디어 중에는 시간이 가면서 숙성이 되는 것이 있다. 우리 속담에 '급하다고 바늘허리에 실 매어 쓰랴.'라는 것이 있다. 바늘허리에 실을 매어서는 결코 바느질을 할 수가 없다. 처음부터 제대로 하는 것이 가장 빠른 법이다. 다른 사람, 혹은 연인 사이에 문제가 있을 때나 알력이 생겼을 때도 숙성의 시간을 가지는 것이 가장 좋은 방법임을 잊지 마라.

5. 위에서 보라

라오스 시골마을에서 병뚜껑으로 장기 두는 모습. 장기 두는 사람은 자기 생각에만 빠져들기 쉽다. 훈수를 두는 사람이 더 객관적으로 본다.

나무만 보지 말고 숲을 보라.

숲을 가장 잘 보는 방법은 위로 올라가는 것이다.

장기를 둘 때 위에서 바라보는 사람은

곧잘 묘수를 발견하고 훈수를 두게 된다.

　한가할 때 하는 일은? 심심할 때 뭐부터 생각나는가? 요즘이야 여러 가지 게임도 있고 다양한 엔터테인먼트가 발달되어 있어 한가한 시간을 보내기도 좋고 심심풀이를 하기도 수월하다. 그러나 불과 얼마 전만 해도 즐길거리가 별로 없었다. 가족이나 친구들 혹은 동네 사람들이 모이면 곧잘 장기를 두곤 했다. 나도 어릴 적 아버지에게 장기를 배워서 사촌형제들과 참 많이도 시합을 벌이곤 했다. 장기나 바둑을 구경하면서 주위에 둘러선 사람들은 곧잘 훈수를 둔다. 싸움이 나기도 하지만 장기를 두는 본인에게는 잘 안 보이는 묘수가 구경하는 사람에게는 보인다. 그런 경험을 많이 했을 것이다. 왜 그럴까? 그건 객관적으로 보기 때문이며 위에서 보기 때문이다. 앞에서 장기를 두는 것보다 위에서 보면 전체가 다 보이고 묘수나 상대방의 허점이 잘 보이기 마련이다.

자신이 직접 장기를 두면 우선 자신의 것만 바라보게 된다. 상대방의 움직임이나 의도보다는 먼저 자신이 어떻게 할 것인가를 먼저 생각하기 때문에 전체적인 판세를 가늠하기 어려운 것이다. 상대방의 수를 미리 예상할 수 있다면 승리는 가능하다. 장기나 바둑 같은 게임을 할 때는 일어서서 전체를 한 번 바라보는 것이 필요하다.

군대에서 지휘관은 늘 높은 곳에서 내려다본다. 비행장의 관제탑은 당연히 높은 곳에 있다. 위에서 봐야 전체가 다 보이고 객관적이고 정확한 판단을 할 수 있기 때문이다. 조감도라는 것이 있다. 조감도의 원뜻은 새처럼 본다는 것이다. 위에서 바라보는 것을 말한다. 영어로는 Bird's-eye view라고 한다. 지휘관은 실내에서 전체의 전쟁 상황도를 놓고 전략과 전술을 결정한다. 그것이 육지에서 벌어지는 전쟁이든 바다에서 벌어지는 것이든 마찬가지다. 전장에 투입된 군인들보다 전체를 보는 지휘관의 판단이 더 정확할 수밖에 없다.

길을 잘 아는 사람이 있는가 하면 소위 길치가 있다. 내 제자 중에도 그런 사람이 있는데 걸핏하면 전화를 해서 어디로 가려면 어떻게 가야 하느냐고 묻곤 한다. 남자보다 여자들에게 길치가 많은 편이다. 남자들은 여자보다 공간 감각이 더 발달되었고 여자들은 한 분야의 섬세한 접근능력이 더 발달된 탓이리라. 길을 잘 알려면 지도를 보는 것이 좋은데 지도란 것이 바로 위에서 본 그림이다. 지도를 보면 길이나 도시가 일목요연하게 보인다. 요즘 차량용 내비게이션이란 제품이 나와서 처음 가는 길도 잘 알려주는데 이 내비게이션의 지도 역시 위에서 본 그림이다. 위에서 전체를 보고 내가 가야 할 길을 미리 볼 수 있어 길을 찾기가 쉬운 것이다.

대동여지도를 만든 김정호도 수많은 산을 올랐을 것이다. 산 위에 올라가야만 정확한 지리적 위치를 가늠할 수 있기 때문이다. 그는 백두산을 일곱 번이나 올랐다고 한다.

축구경기를 하는 선수들보다 그 중계를 보는 사람들이 전체의 상황을 더 잘 알 수 있는 것도 중계 카메라가 선수보다 위에서 촬영하기 때문이다. 선수의 입장에서야 같은 눈높이이므로 전체의 상황을 파악하기가 어렵지만 위에서 보면 한눈에 모든 상황이 보인다. 축구뿐 아니라 모든 스포츠가 다 그렇다. 중계 카메라의 위치를 잘 보라. 모두 위에서 내려다보는 위치에 있다. 인생도 스포츠라면 내 사람을 위에서 바라보면 나의 현 위치와 내 생활 상황을 보다 더 잘 알 수 있을 것이다.

내가 하는 일이 막힐 때, 혹은 진전이 없을 때엔 위로 올라가서 보라. 새로운 생각이 안 떠오르면 지금까지 나온 것을 펼쳐두고 위에서 내려다보라. 실제로 책상 위에 올라가 봐도 좋고 부분보다 전체를 이해하는 시간을 가지는 것이 좋다. 회사의 경영자나 어떤 단체의 리더라면 위에서 볼 수 있는 능력을 가져야 한다. 그렇지 못하면 경영은 실패하기 마련이고 좀스러운 리더가 되기 십상이다.

나무를 보고 숲을 보지 못하는 어리석음은 스스로의 발전을 방해한다. 나무만 보지 말고 숲을 보라. 숲을 가장 잘 보는 방법은 위로 올라가는 것이다. 숲을 보기 위해서는 자신을 스스로 고양시킬 필요가 있다.

자신감을 갖고 '난 잘할 수 있어!'라고 세 번만 외쳐보라. 새로운 에너지가 솔솔 나오는 것을 느낄 수 있을 것이다.

예전에 히트한 구두광고 카피는 이렇다.

'7cm 위에서 내려다보면 세상이 바뀐다.'

그렇다. 자신의 일과 생각에 높은 구두를 신겨 세상을 내려다보게 하라. 새로운 길이 보일 것이다. 무엇보다 높은 안목을 가져라. 높은 안목을 가지기 위해서는 다양한 지식을 두로 섭렵해야 한다. 감각은 하루아침에 만들어지는 것이 아니다.

6. 눈을 낮추어라

같은 피사체라도 아래에서 보면 전혀 다르게 보이는 경우가 많다. 눈을 낮추면 보이지 않던 것이 보인다.

캄보디아에 있는 앙코르 유적지를 올라가기 위해서는
가파른 계단으로 인해 고개를 숙여야 한다. 눈을 들 수가 없다.
그대의 생활에서도 눈을 낮추어라. 고개를 숙여라.
그대의 손님과 눈높이를 맞추기 위해 무릎을 꿇어라.

우리 선조 중에는 고개를 꼿꼿이 들고 세수를 한 분이 있었다. 신채호 선생이었다. 어느 날 무정으로 유명한 소설가 춘원 이광수가 선생의 집을 찾았는데 신채호 선생이 고개도 숙이지 않은 채 세수를 하는 것을 보았다. 옷을 다 적시며 세수하는 모습을 보고 이광수가 이유를 물었다. 고개를 빳빳이 들고 세수를 하면 옷이 다 젖지 않느냐고 했더니 신채호 선생은 태연하게 이렇게 말했다고 한다. "여보게, 일본 놈들한테 나라를 빼앗겨 고개를 숙이고 사는 것도 분해 죽겠는데, 이까짓 하찮은 세숫대야에 고개를 숙이겠는가. 난 죽어도 그렇게는 못하네!" 이처럼 우리는 머리를 무척 소중하게 생각했다. 머리를 숙인다는 것은 자존심을 무너뜨리는 것과 같았다.

캄보디아 씨엠립에 있는 앙코르와트는 앙코르 유적 중의 하나인데 그곳이 가장 정교하고 유명해서 그곳을 통틀어 앙코르와트라고 부른다. 9세기에서 12세기에 이르기까지 이루어진 앙코르제국의 유적은 거대한 돌의 도시다. 앙코르와트의 계단들은 매우 가파르다. 문들은 갈수록 낮게 만들어져 있다. 그 이유는 고개를 숙이라고 그렇게 만들었다는 것이다. 왕에게 또 신에게 고개를 저절로 숙이도록 만든 것이다. 머리는 우리 몸 중에서 가장 소중한 부분이다. 고개를 숙인다는 것은 복종을 의미하며 스스로를 낮추는 것을 의미한다.

자존심이 상하더라도 고개를 숙일 필요가 있고 눈을 높이기보다는 눈을 낮출 필요가 있다. 높은 곳에서만 내려다보려고 하면 공감을 얻기가 힘들다. CEO들이 직원들과 눈높이를 같이 하고 어울리는 회사가 잘 되는 이유는 바로 여기에 있다.

어느 은행의 광고와 혁신의 마케팅을 의뢰 받고는 이런 제안을 한 적이 있었다. 은행문을 열면 은행장 혹은 지점장이 나와서 고개를 숙이고 손님을 맞이하는 것을 제안했다. 더욱이 여성 손님이 들어서면 싱싱한 장미꽃 한 송이를 건네자는 전략이었다. 그러면 여성 고객이 더 많이 찾아올 것이고 친절하다는 말만 할 것이 아니라 정말 친절하게 느끼게 될 것이라는 점을 강조했다. 온종일 하는 것도 아니고 아침에 30여 분만 하자고 제안을 했는데 결국 그 제안은 무용지물이 되었다. 그저 광고에서만 고객을 존중한다는 메시지만 던지고 말았다.

어느 백화점에도 이런 제안을 했다. 사장이 아침에 고개를 숙이며 환하게 웃는 모습으로 손님을 맞이하는 백화점. 얼마나 멋진가! 고개를 숙여 고객과 눈높이를 같이 하는 것은 대단한 방법이다. 이 백화점도 내 제안을 고려해 보겠다고만 하고 결국 실천하지 못했다.

어떤 미술관에 교사 한 명이 들어섰다. 그는 그림 앞에서 자세를 낮추어 앉아 그림을 보는 것이 아닌가! 사람들이 이상하게 여겨 그 연유를 물으니 그 교사는 이렇게 대답했다고 한다. '우리 학생들이 이 미술관에 올 것인데 아이들 눈높이에서는 그림이 어떻게 보이는가를 알고 싶어서'라고. 이 교사의 정신을 도입하여 기업의 이념으로 삼아 눈높이교육을 내세운 기업이 있다. 대교라는 회사에서 이를 도입하여 사람들에게 널리 알려졌다. 그 이후 눈높이라는 개념이 널리 알려진 것이다. 아이들 눈높이에서 바라보면 조금은 다른 세상이 보일 것이다. 만약 그대가 아이들이나 나이가 어린 사람들을 상대로 할 때는 몸을 낮추어야 한다. 그들의 입장을 이해하고 그들에게 다가갈 수 있는 아이디어가 나온다.

수학 문제를 하나 풀어보자. 11 더하기 8은 얼마인가? 당연히 19라고 대답할 것이다. 그런데 어떤 아이는 이 문제의 답을 118이라고 대답했다. 이 답이 맞는 것일까? 틀린 것일까? 대개의 선생님들은 '아니에요, 틀렸어요.'라고 할 것이다. 아이의 눈높이에서 보면 11더하기 8은 118이 될 수 있다. 수리적으로 더하기라면 19지만 11에 8을 붙이면 118이 될 수도 있다. 이 문제의 답을 모두 19로만 보면 창의력은 사라진다. 우리가 어릴 적 학교교육에서 모두 19로만 배웠기 때문에 오히려 창의력이 사라지지는 않았을까? 저마다 타고난 창의력이 일괄적인 답만 요구하는 학교교육으로 오히려 망친 결과는 아니었을까? 이런 교육은 중학교, 고등학교, 대학교까지 이어진다. 어른들의 눈으로 보는 답만을 아이들에게 강요한 것이다.

적어도 유치원이나 초등학교 교육에서는 아이들 눈높이에서 교육이 이루어져야만 우리나라의 창의성은 더욱 높아질 것이다. 교육을 하는 어른들의 눈을 먼저 낮추어야 한다.

우리가 일을 하거나 문제를 해결할 때는 어떤 기준을 갖고 처리하려 한다. 그 기준은 대개 자신의 눈높이이다. 다른 사람의 기준을 생각하지 않고 자신의 높이로만 해결하다 보니 상대방에 대한 배려는 없기 마련이다. 새로운 아이디어로 문제를 해결하지 못하고 기존의 기준으로만 문제를 해결한다. 또 언젠가는 같은 문제가 반복되어 나타나기 마련이다. 때로는 그 기준의 아래에서 사물을 바라보라. 그곳에 새로운 관점이 숨어 있을 것이다.

요즘처럼 취업이 어려운 시기에는 자신을 낮추어 취업에 도전하라. 반드시 길이 있기 마련이다. 상대방의 높이를 생각하지 않고 자신의 높이만을 주장하면 결코 공감의 장에서 만나기 어려운 법이다. 자신을 겸손하게 하는 것이 한 걸음 나아가게 하는 원동력이 된다. 연애를 하거나 친구를 사귈 때도 자신을 낮추는 것이 사람을 잘 사귀는 요령이고 오래 사귈 수 있는 지혜가 된다.

7. 옆에서 보라

라오스 시골에서 만난 여인. 수줍어하는 옆모습이 아름답다. 정면보다 옆모습이 더 나은 경우가 많다.

> 모나리자의 얼굴은 왼쪽이 더 많이 보인다.
> 왼쪽이 더 아름답다는 사실을 레오나르드 다 빈치도
> 알았던 것이 틀림없다.

　서정주의 시 〈국화 옆에서〉는 우리나라 사람들이 즐겨 애송하는 시다. '한 송이 국화꽃을 피우기 위해 봄부터 소쩍새는 그렇게 울었나 보다'라고 시작되는 이 시는 '머언 먼 젊음의 뒤안길에서 돌아와 거울 앞에서 선 누님'을 옆에서 바라보는 감정을 국화를 통해 표현하고 있다. 왜 국화 앞에서가 아니고 뒤에서도 아니고 국화 옆에서일까? 국화 같은 누님의 젊음과 사랑과 세월을 옆얼굴에서 발견한 탓이리라. 앞에서 보면 자신의 감정을 속일 수 있고 뒷모습은 정확하게 알 수 없지만 옆에서 보면 보다 정확하게 그 사람의 마음을 읽을 수 있다. 시인은 앞에서도 아니고 뒤에서도 아닌 옆에서 바라보면서 누님의 마음에

동감을 느낄 수 있다는 점을 표현한 것이리라. 서정주 시인의 시에는 '옆' 혹은 '곁'의 단어가 자주 나온다. 서정주 시인의 다른 작품인 〈춘향유문〉이라는 시의 한 부분을 보자.

안녕히 계세요.
도련님.
(중략)
천 길 땅 밑을 검은 물로 흐르거나
도솔천의 하늘을 구름으로 날더라도
그건 결국 도련님 곁 아니에요?
(후략)

사랑하는 사람을 옆에서 이해하고 같이 세상을 바라보려는 마음이 강했던 탓이 아닐까? 누군가의 옆에서 같이 세상을 바라보면 같은 세상을 만날 수 있을 것이다. 누구의 마음을 보다 정확하게 읽으려면 그의 옆얼굴을 보는 것이 좋은 방법이 된다. 그대가 앞만 보고 달려왔다면 이제는 옆으로 비켜서서 느긋하게 옆 사람을 바라보라. 자신의 앞만 보지 말고 자신의 옆모습도 바라보라. 동료를 옆에서 지켜보고 격려하고 도와주라. 그러면 새로운 기회가 온다. 사장이나 앞서가는 선배들의 옆에 서서 그의 태도를 옆에서 바라보라.

사람만 그런 것이 아니다. 자동차의 속도는 앞에서 보거나 뒤에서 보는 것보다 옆에서 보면 확실하게 알 수 있다. 운전대를 잡고 달릴 때는 속도감각을 착각하는 수가 많다. 옆을 보면 자신이 엄청난 속도로 달리고 있다는 걸 알 수 있다. 앞에서 달려가는 차의 속도를 가늠하는 것보다 옆에서 추월하는 차에서 속도를 느낄 수 있는 것은 누구나 경험하는 일이다.

일도 그렇다. 새로운 아이디어도 마찬가지다. 자신이 맡은 일을 옆에서 바라보라. 우선 일의 속도가 보일 것이다. 현재의 상황을 보다 다른 각도로 볼 수 있어 상황판단을 정확하게 할 수 있는 계기를 찾을 수 있다. 그 판단이 새로운 아이디어가 된다.

여자의 얼굴은 앞에서 볼 때와 옆에서 볼 때는 다른 경우가 많다. 대개의 여자들은 오른쪽 얼굴보다 왼쪽이 더 아름답다고 한다. 그건 오른손잡이의 경우이고 왼손잡이는 오른쪽 얼굴이 더 아름답다고 한다. 오른손잡이일 경우 얼굴 역시 오른쪽이 더 발달되기 때문에 왼쪽보다 주름도 더 많고 얼굴선이 덜 곱다고 한다. 르네상스 이후 여자의 초상화는 60%가 왼쪽이라고 한다.

모나리자의 얼굴을 보라. 왼쪽 얼굴이 앞으로 향해 있다는 걸 알 수 있다. 지금 생각하니 모나리자의 얼굴이 정면이었다면 좀 웃겼을 것이다. 레오나르드 다 빈치는 르네상스 시대를 대표하는 화가이자 과학자이며 기술자였기 때문에 모델이 된 피렌체의 부호 아내였던 엘리자베타의 얼굴을 어떤 각도로 표현하는 것이 가장 아름다운 것인가를 너무나도 잘 알고 있었을 것이다. 이 절묘한 각도 역시 모나리

자가 세계적인 명화가 된 이유 중의 하나였을 것이다.

이집트의 벽화를 보면 그 시대의 사람들 얼굴은 옆으로, 몸은 앞으로 표현된 특이한 모습을 볼 수 있다. 눈은 앞, 얼굴은 옆, 어깨와 가슴은 앞, 다리는 보폭을 나타내는 옆의 모습이다. 보이는 대로 그린 것이 아니고 아는 대로 그렸기 때문이다. 이걸 정면성의 원리라고 하는데 폭이 넓은 것을 우선으로 그리는 것을 말한다.

자, 이제 모든 것을 옆에서 보는 연습을 하자. 사람도 제품도 기록도 옆에서 보자. 다른 사람의 일을 옆에서 보자. 더 빨리 앞으로 달려 나갈 수 있는 기회를 잡을 수 있을 것이다.

8. 밖에서 보라

달에서 본 지구. 이제는 익숙해진 모습이지만 처음에는 신기했다. 푸른별 지구의 모습은 신기하기만 했다.

방콕이라고 한다. 방에 콕 박혀 있으면 시야가 좁아지고 생각이 치졸하게 되기 마련이다. 자신을 밖으로 내몰아라.
안에 있어야 할 것이 밖으로 나오는 그 자체가 아이디어다.
또 밖에서 보면 더 객관적인 안목을 가질 수 있다.

우물 안 개구리. 한자성어로는 정저지와井底之蛙라고 한다. 견문이 좁고 세상 물정을 모르는 경우를 말한다. 좁은 우물 안에서 하늘을 바라보니 얼마나 답답한 소견을 가지게 되겠는가? 이 이야기는 〈장자莊子〉 추수편秋水篇에 나오는 이야기다. '황하의 신 하백이 처음으로 바다에 나와 북해까지 가서 동해를 바라보며 그 넓음에 놀라 북해의 신인 약에게 물었다. 그러자 약은 이렇게 말했다. 우물 안에서 살고 있는 개구리에게 바다를 얘기해도 알지 못하는 것은 그들이 좁은 장소에서 살기 때문이며, 여름 벌레에게 얼음을 말해도 알지 못하는 것은 그들이 여름만을 굳게 믿기 때문이다.'
우리나라의 그룹 총수, 최고경영자들 중에는 많은 이들이 연말연시에 해외로 가서 새로운 사업을 구상한다고 한다. 밖에서 바라보면 더 정확하고 더 새로운 것을 볼 수 있고 생각할 수 있기 때문이다. 유럽 혹은 아시아의 휴양지에서 회의를 하면 어떨까? 맑고 푸른 바다가 보이는 발리 같은 곳에서 회의를 한다면 지금까지와는 전혀 다른 이야기들이 오고갈 것이다. 여행의 장점이기도 하다. 해외여행을 하면 우리나라를 좀 더 객관적으로 바라볼 수 있는 기회가 생긴다. 무엇보다 자신을 다른 시각으로 볼 수 있다.

내가 종로에 있는 광고회사에 다닐 때다. 새로운 광고 아이디어가 떠오르지 않을 때는 사무실을 나오곤 했다. 슬슬 걷다 보면 경복궁이 나온다. 그곳에 들어가 이곳저곳 돌아다니기도 했고 나무 그늘에 앉아 아이디어를 구상하기도 했다. 때로는 종묘로 가서 거기 풀밭에 앉아 바람을 쐬면서 아이디어를 사냥하곤 했다. 회의를 할 때도 가끔은 밖으로 나와서 풀밭에 앉아서 하곤 했다. 색다른 아이디어가 나온 것은 물론이다. 어느 회사에서는 사장과 직원들이 목욕탕에 가서 회의를 한다니 벌거벗은 몸 못지않게 벌거벗은 생각으로 새로운 아이디어를 많이 찾았음에 틀림없다.

희한하게도, 아니 사실은 희한한 게 아니라 당연한 것이지만, 밖에 나오면 아이디어가 샘솟는 걸 느꼈다. 내가 만든 많은 광고와 카피는 길에서, 영화관에서, 카페에서, 고궁에서, 당구장이나 볼링장에서 착안되고 만들어진 것이었다. 지금도 나는 주말이면 여행 가방과 카메라 가방을 챙겨 어디론가 떠난다. 낯선 곳에서 낯선 사람을 만나기도 하고 새로운 음식도 먹어보고 지도에서 보거나 노래 가사에 나오는 산을 찾기도 한다.

일 년에 적어도 반드시 두 번은 외국여행을 하는 편이다. 우선 가까운 일본에 가면 새로운 걸 느낄 수 있다. 기차를 타고 시골 구석구석 다니기도 했다. 짧게는 일주일, 길게는 한 달 동안 베트남 북부의 사파나 미얀마 바간 유적지, 네팔의 히말라야, 아프리카의 마사이

마라까지 돌아다녔다. 최근에는 스페인과 포르투갈을 여행하면서 많은 생각을 하고 영감을 얻었다. 여행에서 돌아오면 나는 또 조금 성장한 나를 발견하곤 한다. 생각과 아이디어의 힘을 얻은 모습을 발견한다. 밖에서 나를 바라본 소중한 경험이 나를 크게 하고 있다는 걸 느낀다. 연전에는 라오스 여행 에세이 책을 출판했다. 여행 안내서가 아니라 여행에서 느낀 감정과 차오르는 생각들을 정리한 것이다.

보통 우리는 자신이 하는 일에만 관심이 있다. 자신이 하는 것에만 지식을 가진다. 투잡Two job 시대라고 한다. 한 사람이 두세 가지 일을 할 수 있어야 하는 시대다. 내 친구 중에는 광고인이면서 여행과 사진에 조예가 깊어 여행사진책을 만든 사람도 있다. 내가 아는 디자인회사의 사장은 작사가로도 활동하며 야생화 사진에도 조예가 깊다.

평범한 직장인이지만 목공예에 취미가 있어 목공예 동호회에서 열정을 쏟은 청년. 결국 역시 같은 취미를 가진 여자와 연애를 하고 결혼을 한 사람의 이야기를 들은 적이 있다. 그들은 지금 낮에는 회사에 다니고 저녁에는 목공예 가게를 운영한다고 한다.

카피라이터이던 나의 제자 중에는 와인에 취미를 가져 결국 와인회사의 홍보실장을 하는 경우도 있다. 이렇게 되려면 자신의 일과 자신의 범주를 벗어나 밖으로 나와야 가능하다. 눈을 넓게 뜨는 것이 필요하다.

새로운 방법을 찾고 싶을 때 혹은 더 훌륭한 아이디어를 찾고 싶으면 밖으로 나서라. 책상을 박차고 나와 영화를 보거나 서점을 찾거나 또는 가능하다면 여행을 가도록 하라. 스스로 바깥에 나갈 기회가 없다면 밖에서 도와줄 사람을 찾는 것도 좋다. 조언을 해 줄 친구를 찾아라. 자신의 일을 바깥의 시선으로 봐줄 사람을 찾아라. 기업에 컨설턴트가 필요한 이유는 이것 때문이다.

　내가 하는 일을 밖에서 보라. 나의 일을 바깥으로 끌어내라. 나의 소비자를 바깥에서 만나라. 새로운 아이디어를 안에서가 아니라 바깥에서 찾아라. 세상의 모든 것은 아이디어의 소재다.

9. 안을 보라

라오스 루앙프라방의 사원 안에서 바라본 하늘. 그냥 올려보는 것과는 사뭇 다른 느낌을 준다. 안에서 밖을 보면 새로운 구도가 생기고 다른 의미를 찾을 수 있다.

　　겉모습만 추구하던 가구 디자인은
　　언제부터인가 실용성이 중시되면서
　　붙박이장이 인기를 끌고 있다.
　　가구의 바깥보다 안을 중시한 제품이다.

　　겉모습만 보고 사람을 판단한다면 그것은 참으로 위험한 일이다. 사람의 내면을 봐야만 그 사람의 됨됨이나 가치를 판단할 수 있을 것이다. 요즘은 남자나 여자나 외모지상주의다 보니 내면보다 외모를 더 중요시하는 풍조가 강한 편이다. 성형수술이 유행하는 것도 이 때문이다. 얼굴을 성형하는 것 못지않게 마음도 성형해야 한다. 사회에서 아무리 성공한 사람이라도 가정에서 불행하다면 진정한 성공이라고 할 수 없다. 수신제가치국평천하修身齊家治國平天下라는 말도 있다. 〈대학〉이라는 책에 나오는 것인데 먼저 몸을 다스리고 가정을 돌

본 뒤 나라를 다스리고 천하를 평정한다는 뜻이다. 스스로 가정을 제대로 다스리지 못하면 나라나 천하를 다스릴 수 없다는 수양의 의미를 강하게 담고 있는 말이다.

소비자를 대상으로 제품을 개발하거나 마케팅을 연구한다면 먼저 소비자 속으로 들어가야 한다. 소비자 마음속으로 들어가 그 속의 욕구를 찾을 수 있다면 어떤 문제라도 해결할 수 있을 것이다. 인사이트 마케팅Insight Maketing이 있다. 제품의 특성이나 속성을 중심으로 전개되어 온 전통적인 마케팅에서 벗어나 소비자의 감성이나 감각을 찾아 그걸 자극하는 마케팅 활동을 말한다. 전통적인 마케팅의 4P 즉 제품, 가격, 유통, 프로모션에서 벗어나 이제는 마케팅의 4C가 중요시된다. 즉 소비자Consumer, 비용Cost, 편의Conviniece, 커뮤니케이션 Communication이 그것인데 이 네 가지를 잘 융합한 것을 통합 마케팅커뮤니케이션, 즉 IMCIntegrated Maketing Communication라고 한다. 여기에서 가장 중요한 것은 역시 소비자이다. 제품이 아니라 소비자가 더 중요하다는 것은 소비자의 마음 안으로 먼저 들어가야 한다는 뜻이다. 그래야만 새로운 아이디어가 나온다.

우리나라의 주유소 브랜드는 4개가 대표적이다. 각각 고유한 색깔을 가지고 있어 일단 색깔로 운전자에게 어필하고 있다. SK는 빨간색으로 소비자에게 자신을 알리고 있고, GS 칼텍스는 녹색, 현대 오일뱅크는 파랑, 에스오일은 노란색이다. 컬러로만 보면 빨간색이 가장 강렬한 인상을 갖고 있으므로 일단 SK가 유리한 편이다.

SK는 예전에 '찌꺼기 없는 휘발유'라는 강한 콘셉트로 광고 캠페인을 펼쳤다. 어느 휘발유나 찌꺼기가 없는 건 마찬가지지만 누가 먼저 소비자의 마음을 선점하느냐가 중요한 것이다. 이것을 포지셔닝 전략이라고 하는데, 결국은 소비자의 마음속에 있는 욕구를 찾은 데서 기회를 잡은 것이다.

SK가 찌꺼기 없는 휘발유라고 소비자의 마음속 욕구를 읽어 광고를 하자 다른 휘발유 브랜드는 불편해지기 시작했다. 마치 자신들은 찌꺼기 있는 휘발유처럼 소비자들이 느낄 수 있기 때문이다. 이렇게 포지셔닝을 잘하면 경쟁사를 불편하게 만드는 힘이 있다. 포지셔닝의 핵심은 소비자의 마음속에 인식을 심어 주는 것이다.

우리나라 자동차 시장의 1등은 현대자동차다. 현대자동차는 국내 자동차와 싸울 것이 아니라 세계의 자동차와 싸워야 한다. 이건 당연한 이야기지만 만약 2등이라면 어찌해야 할까? 2등 역시 일등을 경쟁목표로 삼고 경쟁대상은 외제 자동차와 인식의 싸움을 벌여야 한다. 2등이 1등과 인식의 싸움을 벌인다면 결코 1등이 되기는 어렵다. 2등은 1등보다 앞선 상대와 싸우든지 소비자의 마음과 인식의 싸움을 벌여야 승산이 있는 것이다.

2등 자동차 회사는 세계의 뛰어난 자동차와 경쟁을 벌여야 브랜드의 가치가 올라간다. 다행히도 이런 시도는 자동차 업계에서 많이 이루어지고 있다. 현대자동차는 물론 기아자동차도 세계시장을 계속 노크하고 있으며 외제 유명 브랜드와 기술과 디자인에서 싸움을 벌이고 있다. 또 삼성의 스마트폰인 갤럭시처럼 우리나라의 훌륭한 제품들이 세계시장에서 최고급 브랜드로 인정받으면 그것이 곧 국내 소비자들의 마음을 움직이는 힘이 된다.

소비자의 마음이 최종 경쟁이라는 것을 알아야 한다. 냉정한 소비자 심리를 극복하고 살아남으려면 소비자의 마음속으로 들어가는 노력을 하지 않고서는 어떤 브랜드라도 살아남지 못한다.

사람의 마음속으로 들어가기 위해서는 먼저 사람들 속으로 들어가라. 어떤 일에 관심이 있거나 취미가 있으면 동호회나 단체에 들어가라. 거기서 여러 가지 정보를 얻고 자기 발전의 아이디어를 찾을 수 있다. 아이들을 상대로 하는 비즈니스라면 적극적으로 아이들 세계로 들어가라. 주부들을 상대로 하는 기획이라면 주부 속으로 들어가 봐야만 놀라운 기획력이 생기는 법이다.

10. 늘여라

포르투갈 파티마 성당의 십자가. 십자가와 예수상을 한껏 늘여놓았다. 배경인 하늘도 늘여서 찍어 보았다. 늘이니 색다른 느낌의 분위기를 준다.

비아그라는 남성들의 욕구를 늘여주는 제품이다.

히트 제품이 되는 건 당연하다.

이처럼 실제적인 것보다 더 늘여보라.

거기에 늘어난 아이디어가 존재한다.

여자들은 여름이면 대개 겨드랑이의 털을 깎는다. 요즘은 털을
아예 없애는 제모제도 있고, 털을 시술로 없앤다고도 한다. 사람마다
보는 것이 다르겠지만 여자들의 겨드랑이털이 그렇게 보기 싫은 것일

까? 민소매 옷을 입고 마음 놓고 팔을 들기 위해서 오늘도 많은 여자들이 겨드랑이에 면도칼을 대고 있을 것이다. 어떤 제모제 광고에서는 여자 모델의 겨드랑이털을 오히려 길게 해서 시선을 끌고 있다. 털이 없는 겨드랑이를 보여 주는 것이 보통인데 오히려 털을 늘여서 보여 주어 화제를 불러일으켰다.

내가 어릴 적에는 통금이 있었다. 밤 12시가 되면 뚜우 하고 사이렌이 울고 그때부터는 밖으로 못 다니게 되어 있었다. 그래서 지금도 12시가 되면 그때 생각이 나곤 한다. 그러나 통금의 경험이 없는 세대들에겐 밤 12시는 그냥 12시일뿐이다. 통금이 없어진 후 오늘날 우리의 생활 패턴을 변화시킨 것 중의 하나가 24시간 편의점이다.

편의점의 시초는 세븐일레븐이다. 세븐일레븐은 1927년 미국 텍사스 주 달라스 시의 'Southland Ice Company'라는 회사로부터 비롯되는데 종업원들이 음식을 냉장보관하기 위한 얼음 조각뿐만 아니라 우유, 빵, 달걀 등의 식품을 다른 식료품 상점들이 문을 닫은 저녁 시간과 일요일에도 판매하기 시작하였고, 이 아이디어가 고객들을 만족시켰다. 그 후 판매는 점점 증가하여 이를 계기로 편의점 Convenience Store라는 소매업이 탄생하게 된 것이다. 1946년부터는 점포의 영업시간을 당시로서는 획기적인 일주일 내내 오전 7시에서 오후 11시로 늘리게 되었고, 이를 반영하여 체인점의 명칭을 7-Eleven으로 바꾸었다. 세븐일레븐은 오늘날 전 세계 18개국에서 27,000여 개의 점포를 보유하고 있는 최고의 편의점으로 자라났다.

세븐일레븐의 성공은 말 그대로 '늘이기'의 아이디어에서 비롯되었다.

영업시간을 늘여보라. 지금까지의 영업시간을 무시하고 소비자의 시간에 맞춰 시간을 과감히 늘여보라. 소비자와 만나는 시간을 늘여보라. 고객 센터는 직원의 출근시간에 맞추지 말고 고객의 시간에 맞추어 보라. 고객이 전화를 하기 편한 시간에 대부분의 고객 센터도 퇴근을 하고 문을 닫아 놓고 있는 것이 지금의 현실이 아닌가.

공간을 더 늘여보라. 고객의 눈에서 공간을 늘여보라. 요즘 대형할인점이 잘 되는 이유를 여러 측면에서 살펴보라. 이마트를 가 보면 그 규모에 우선 놀라게 된다. 몇 개 층으로 된 매장에는 온갖 식품은 물론 생활용품과 패션의류까지 잘 갖추고 있다. 시장의 즐거움과 백화점의 격을 동시에 만족할 수 있도록 한 할인점은 그래서 나날이 성장하고 있는 것이다. 매장만 넓어진 것이 아니다. 언제 가도 편하게 주차할 수 있는 공간도 확보했다. 할인점은 주차장 싸움이라는 말도 있다. 널찍하게 만든 주차장은 소지자의 발길을 끌어들이고 있다. 일반 기업도 소비자와 만나는 공간을 더 늘이면 그만큼 소비자와 가까워지고 호감을 형성해 결국 기업의 이익으로 되돌아온다. 가전회사 등에서 자신들의 제품을 시연해볼 수 있는 공간을 늘이는 것은 이런 관점에서 대단히 훌륭한 전략인 것이다.

전에는 주스라고 하면 오렌지주스나 사과주스 혹은 토마토주스 정도였다. 그러나 할인점이나 백화점의 식품매장에 가 보라. 별의별 주스가 다 있다. 오렌지주스에도 맛과 모양, 만드는 방법 등에서 정말 다양한 제품들이 나와 있다. 우유는 또 어떤가? 전에는 기업별로 우유가 있었지만 이제는 한 우유회사에서도 다양한 우유제품이 나오고 있다. 일반 우유에서 검은콩이 들어간 우유까지 정말 다양한 브랜드들이 서로 얼굴을 내밀고 있다. 제품의 다양화, 제품 종류의 늘이기가 시작된 것이다.

이런 제품 종류의 늘이기 현상은 우유나 주스뿐 아니라 햄, 라면, 간장 등 식품은 물론 옷이나 구두, 모자 등 패션에서도 나타나고 있다. 자동차, 냉장고, 에어컨, 밥솥 등 전자제품도 물론 아파트에서 다양한 모델이 계속 나오고 있다. 이런 현상은 사람들의 욕구의 다양성에서 그 이유를 찾을 수 있다. 현대는 다양성의 시대. 특히 신세대들은 더욱 다양한 욕구를 가지고 있다. 제품 개발에 종사하는 사람들은 앞으로 더욱 다양한 아이디어를 제품에 도입해야 한다.

현재 전혀 문제가 없더라도 그 무언가를 늘여보라. 새로운 비즈니스가 시작되고 아이디어의 신대륙이 있다. 무엇보다 생각의 폭을 늘이도록 하라. 새로운 아이디어를 찾는 방법을 늘이도록 하라.

11. 줄여라

다이어트 펩시 광고. 체중을 줄이려는 욕구의 사람들에게 다이어트

효과를 보여 준다. 쥐구멍 속으로 고양이가 들어가는 모습을 통해 다이어트를 하면 새로운 기회를 얻을 수 있다는 점을 암시한다.

쥐구멍 속으로 들어가고픈 고양이.
다이어트 펩시를 마시고 드디어 성공.
무게를 줄이고 시간을 줄이고 칼로리를 줄여 보자.
문장을 줄이고 크기를 줄여 보자.

인생역전이라는 로또. 어떤 사람은 월요일마다 로또를 사고는 일주일을 행복한 마음으로 보낸다고 한다. 당첨만 되면 수십억 원의 돈을 얻게 되니 인생역전이라는 슬로건은 참 잘 만들었다고 느껴진다.

외국에서는 로또의 슬로건을 'Hey, You never know.'라는 걸 쓰고 있다.

그런데 성질이 급한 사람은 일주일도 기다리기 지루해서 즉석복권을 산다. 그 자리에서 긁어 확인해 봐야만 속이 시원한 사람들을 위하여 즉석복권이 나왔다. 시간을 줄인 제품이다. 사람들의 기다림을 줄여 준 제품이다.

이어령 교수는 〈축소 지향의 일본〉이라는 책을 썼다. 뭐든지 작게 만드는 재주가 있는 일본에 대해 쓴 책이다. 소니가 만든 워크맨은 기존 오디오의 상식을 완전히 뒤집은 것으로써 세계적인 제품이 되었다. 그뿐인가? 일본에 가 보면 참으로 아기자기하고 작은 물건들이 하루가 멀다 하고 쏟아져 나오고 있다. 나는 일본에 가면 긴자에 있는 이또야라는 백화점에 꼭 가 본다. 그곳에는 새롭고 신기한 문구제품들이 수백 종 진열되어 있다. 작으면서도 성능이 뛰어난 제품들이 많다. 또 도쿄핸즈라는 곳에 가 보면 가정에서 필요한 제품들이 많은데 일본의 특성상 대개 작은 편이다. 일본인들은 아마 줄이는 능력이 가장 탁월한 민족인가 보다.

내가 좋아하는 일본의 호텔은 도미인Dormy In이다. 방은 작지만 여러 가지 편의 시설이 있고 호텔 안에 온천이 있는 곳도 많다. 이런 일본 비즈니스호텔에 가 보라. 정말 작고 오밀조밀한 가전제품들로 가득 채우고 작은 침대가 놓인 작은 방을 발견할 것이다. 널찍한 곳에서 자던 사람은 답답하게만 느껴진다. 일본의 가정집이나 아파트도 마찬가지다. 일본의 온천관광지로 유명한 하코네의 어느 온천에 간 적이 있었다. 땀을 빼는 그곳 한증막에 들어간 나는 깜짝 놀랐다. 혼자 웅크리고 앉아야 되는 정말 작은 방이 여러 개 있었다. 혼자 앉으면 딱 맞는 크기였다. 사색방이라고 이름이 붙어 있는 곳으로 들어가서 땀을 흘렸다. 좁다 보니 오히려 편안하고 사색이 저절로 되는 느낌이 들었다.

코카콜라와 맥도널드 햄버거는 미국이 먹고 마시는 것으로 세계를 정복한 대표적인 것이다. 어디를 가도 콜라를 마시는 젊은이들을 볼 수 있다. 언젠가부터 콜라도 다이어트 제품이 나왔다. 칼로리를 줄인 것이다. 콜라뿐만 아니라 요즘은 여러 가지 제품에서 칼로리를 줄인 것이 많다. 롯데햄은 전에 살코기로만 만들었다는 의미로 '살로우만' 소시지를 생산, 판매했는데 언제부턴가 '살로우만' 이름은 사라졌다. 그때는 고기를 많이 먹는 것이 중요했지만 이제는 시대가 달라졌기 때문에 오히려 그 이름이 역효과를 낼 수 있기 때문이다. 다이어트 시대에는 이렇게 이름마저 변하게 한다.

문장도 그렇다. 길다고 좋은 것이 아니다. 줄이고 줄여 더 줄일 수 없을 때 비로소 완벽한 글이 탄생하는 것이다. 박목월 시인의 불국사라는 시를 보면 문장을 줄이는 것이 얼마나 좋은 것인지 알 수 있을 것이다.

흰 달빛/자하문紫霞門//달 안개/물 소리//대웅전/큰 보살//

바람 소리/솔 소리//범영루泛影樓/뜬 그림자//흐느히/젖는데
흰 달빛/자하문//바람 소리/물 소리

　자, 줄여 보자. 무게를 줄이고 시간을 줄이고 칼로리를 줄여 보자. 문장을 줄이고 크기를 줄여 보자. 늘이는 것 못지않게 줄이는 것은 대단한 아이디어의 샘이 된다. 물론 줄이는 것에도 한계가 있다. 그것은 줄이다 보면 느껴진다. '아, 여기가 한계구나.'라고 느껴지면 그때가 가장 효과적인 크기가 된다.

12. 두 개로 만들어라

양문형 냉장고는 냉동고와 냉장고가 분리되어 있어서 편리하고 경제적이다. 이런 스타일의 냉장고는 이제 상식이 되었다.

　　양이효과兩耳效果라는 것이 있다.
　　스테레오는 바로 이를 이용하여 입체 음향을 듣도록 한 것이다.
　　사람의 귀와 손은 물론 발도 둘이다.
　　둘로 나누는 것은 문제해결의 열쇠를 줄 수 있다.

영화나 드라마의 전개에서 두 개의 상황을 보여 주는 경우가 있다. 두 사람의 이야기를 보여 주거나 과거와 현재 혹은 미래를 번갈아 보여 주는 것이다. 두 개 이상의 상황도 우리는 받아들이고 이해한다. 오히려 그게 즐거운 상황이 된다. 시청자에게 다양성의 즐거움을 주는 것이다.

전에는 남자가 양다리를 걸치는 이야기가 많았는데 요즘은 여자가 양다리를 걸치는 것을 상식처럼 이야기하는 사람도 있다. 영화나 드라마에서 두 남자를 만나는 여자의 모습을 보여 준다. 전혀 이상하지 않게 받아들여진다. 스마트폰에 다양한 벨소리와 음악을 담아 거는 사람마다 다르게 울리게 하는 것도 상식이 되었다.

처음엔 냉장고 문이 하나였다. 지금도 그런 제품이 있지만 요즘은 양문형 냉장고가 대세다. 냉동고와 냉장고를 나누어 각각 문을 달아 열게 한 제품이다. 요즘 결혼하는 신부들에겐 양문형 냉장고가 하나의 상식으로 되어 있다. 가격이 좀 더 비싸지만 양문형 냉장고가 훨씬 편리하고 과학적이니 앞으로 더 많은 가정이 양문형을 가지게 될 것이다.

쌍쌍바라는 아이스 제품이 있다. 하나의 아이스크림을 두 개로 붙여 놓은 것인데 친구나 연인이 나누어 먹도록 한 것이다. 제품에 감정을 이입하여 인기를 얻은 제품이다. 오디오도 모노에서 스테레오로 된 것은 이미 오래전의 이야기이고 이제는 5.1채널이 많이 보급된 상황이다. 7.1채널도 있다. 우리의 귀가 두 개이니 당연한 발전이었다. 스테레오는 입체음향을 뜻하는 'Stereophonic Sound'의 줄인 말이고 모노는 모노럴Monoral의 약어다. 사람은 귀로 음의 세기와 도달시간의 차이를 포착하여 소리의 방향을 식별하는 능력이 있다. 이것을 양이 효과라고 하는데 스테레오는 바로 이를 이용하여 입체음향을 듣도록 한 것이다.

사람은 두 손을 가지고 있으며 눈도 귀도 발도 둘이다. 판단력도 때로는 이성으로 또 때로는 감성으로 한다. 사람이 가진 많은 부분이 둘로 되어 있다. 그러므로 사람을 상대로 하는 비즈니스(거의 모든 비즈니스가 사람을 위한 것이지만)에서 뭔가를 둘로 나누어 접근하는 것이 유리한 경우가 많은 것이다. 그 하나가 앞에서 말한 오디오에서 스테레오다.

흔히 인간형을 둘로 나누어 말한다. 하나는 햄릿형이고 다른 하나는 돈키호테형이다. 햄릿은 자기 아버지를 죽인 삼촌이 기도하는 순간에 죽일 수 있는 기회를 잡았지만 기도하다가 죽으면 천당 간다는 생각에 머뭇거려 결국 비극을 초래하고 만다. 햄릿형은 생각을 먼저 충분히 하고 행동하는 사람을 말한다. 반대로 돈키호테형은 일단 저지르고 보는 인간형을 말한다.

또 나는 사람의 유형을 명사형과 동사형으로 나누기도 한다. 물론 동사형 인간이 훨씬 진취적이고 발전가능성이 높다고 생각한다. 명사형 인간은 현재에 만족하는 사람을 말한다. 현재에 만족하는 것은 곧 퇴보를 의미한다. 왜냐하면 다른 사람이 앞으로 먼저 나아가니까.

내가 만나는 거래처 사람이나 직원들 혹은 소비자를 모두 같다고 생각을 버리고 일단 둘로 나누어 보라. 햄릿형인가, 돈키호테형인가? 혹은 명사형인가, 동사형인가? 이렇게 나누어 생각하면 보다 더 적절한 대응책이 나올 것이다. 상대방에 대한 접근방법도 더 정확해질 수 있다. 정확하고 빠르게 접근하는 것이 아이디어가 아니고 무엇이겠는가?

흑백논리는 위험하다고들 한다. 흑 아니면 백, 두 가지만 생각하고 중간의 것을 무시하는 논리여서 그렇다. 천재 아니면 바보, 이런 식으로 생각하는 것이다. 그러나 가끔은 흑백논리가 유용할 때가 있다. 문제가 복잡하거나 해결의 기미가 안 보일 경우는 흑백으로 나누어 보라. 선택해야 할 것과 아닌 것을 나누면 답을 보다 빨리 찾을 수 있다.

자, 당신 아이디어의 논리는 무엇인가? 아이디어가 한 방향으로만 치우쳐 있는가? 당신의 아이디어가 모노로 되어 있다면 이제 스테레오로 시도해 볼 일이다.

13. 하나로 합쳐라

연필과 지우개를 합친 것은 대단한 발명이었다.
두 개를 붙이면 되는 간단한 생각으로.

TV와 비디오를 합친 제품을 기억하는가?
녹화도 하고 영화를 쉽게 보았던 기억.

예전의 화장실은 모두 집 밖에 있었다. 화장실과 처갓집은 멀수
록 좋다는 속담도 있었다. 화장실은 당연히 사람이 거처하는 공간과
멀리 떨어진 곳에 있는 것이 상식이었다. 그러나 아파트가 생긴 이후
그 상식은 무너졌다. 화장실은 집안으로 들어왔고 식당 바로 옆이나
안방 안에 화장실이 있는 것이 이제는 정석처럼 되었다. 집과 화장실

로 나뉘었던 공간이 이제는 하나의 공간이 된 것이다.

영화를 보려면 비디오 테이프를 빌려서 비디오 플레이어에 넣어야 하는 것이 일상이었지만 이제는 DVD나 USB 파일로 영화를 보고 있다. 텔레비전과 비디오 플레이어가 따로 있으니 선을 연결하고 전원도 별도로 켜야 해서 번거로웠다. 그러다가 이 두 개가 하나로 합친 것이 나왔다. 소위 비디오 비전이라고 하는 것이다. 편리함과 경제성 모두를 만족시킨 것이다. 이처럼 TV와 비디오가 하나로 합쳐진 것은 이미 오래전의 일이다. 이제는 모든 것이 합쳐지는 추세다. 노트북이나 컴퓨터에도 이미 DVD가 들어갔고 티비에도 USB가 들어 있다. 노트북이나 컴퓨터는 특히 여러 가지 기능이 하나로 합쳐진 대표적인 제품이다. 하드적인 기계적 결합은 물론 소프트도 다기능을 가진 것들이다.

자동차 안을 보라. 오디오에 다양한 기능이 도입된 것은 물론 내비게이션에서 TV를 보고 영화를 볼 수 있게 되었다. 핸들에 오디오 스위치가 들어가 운전하면서 쉽게 오디오를 조작할 수 있다. 기술개발과 소비자의 욕구를 충족시키기 위한 이러한 현상은 새로운 세대를 위한 제품과 광고에서 많이 보인다. 휴대폰에 MP3 기능이나 카메라가 들어가 있는 것은 더 이상 우리에게 놀라운 일이 아니다.

크라이슬러에서 나오는 Jeep는 차 키에 산을 결합시킨 광고를 만든 적이 있다. 원래 자동차 브랜드인데 흔히 4륜 구동차를 지프라고 부른다. 그래서 Jeep은 자신만이 Jeep이라는 걸 강조하기 위해 'Jeep

는 하나뿐'이라는 슬로건을 쓰고 있다. 4륜 구동자동차의 대표격인 Jeep는 어디라도 갈 수 있다는 장점을 키에 산을 결합한 아이디어로 표현했다. 자동차를 타고 산길을 달리는 풍경을 사용했더라면 그건 훌륭한 아이디어가 아닐 것이다. 자동차를 상징하는 키에 산의 모습을 접목한 것이 이 광고의 핵심 아이디어다. 이 광고는 심플하면서도 강력한 아이디어라서 우리나라 광고에서 모방하기도 했다.

두 개를 하나로 합치면 전혀 새로운 것이 나온다. 사람들이 받아들이지 않는 것을 받아들여질 만한 것과 합치면 새로운 아이디어가 되는 경우가 많다. 전통적인 맛과 현재적인 포장(캔)을 합쳐서 성공한 것이 비락식혜다. 일본의 어느 맥주회사는 빈 캔을 함부로 버리는 것을 방지하기 위해 다음과 같은 슬로건을 썼더니 아주 큰 효과를 봤다고 한다.

'떠나 버린 사랑과 빈 캔은 가까운 쓰레기통으로!'

사랑과 빈 캔을 하나로 묶어 사람의 마음을 움직여 성공적인 결과를 낳았다. 둘러보라. 우리 주변에는 하나로 합친 것이 너무나 많다. 자장면과 짬뽕의 두 가지를 합친 것이 짬자면이고, 반지에 시계를 합친 반지시계도 있다. 코엑스몰은 여러 가지를 합친 복합공간이다. 여러 가지를 합친 기능을 가진 스위스제의 레저용 칼, 일명 맥가이버 칼은 세계적인 제품이 되었다.

연필에 지우개가 붙어 있는 것은 이제는 당연하지만 누가 처음 그 생각을 했을까?

1867년 미국의 필라델피아에서 살던 하이만이라는 15세 소년은 병든 어머니를 위해 그림을 그려 생계를 이어갔다. 그런데 건망증이 있는 하이만은 잘못된 그림을 지우려고 지우개를 찾을 때마다 애를 먹었다. 그래서 연필에 지우개를 실로 연결해 쓰기도 했다. 그러다가 어느 날 외출하려고 모자를 쓴 자신의 모습에서 아이디어를 얻어 양철을 연필에 끼워 지우개를 달았다. 이것이 오늘날 우리가 보는 지우개 달린 연필의 탄생이다. 하이만은 특허출원을 하고 리버칩 연필회사를 찾아가 이 특허를 팔았다. 이런 사례는 무수히 많다. 인간의 발명 중에는 두 가지를 합쳐서 탄생한 것이 많은 비중을 차지한다.

요즘은 브랜드들도 두 가지가 손잡고 동시에 마케팅하고 있다. 이를테면 전자회사와 자동차회사가 손잡고 공동 마케팅을 벌이는 Win-Win 전략을 적극 활용하고 있다. 또는 고급 호텔에서 외제자동차를 런칭하는 것도 마찬가지다. 요리도 한국요리나 일본요리 혹은 중국요리를 고집하는 것이 아니라 여러 나라의 요리를 합친 퓨전 요리가 인기를 끌고 있다. 김치가 세계적으로 인기를 끌자 프랑스에서는 김치를 이용한 프랑스 요리를 선보이기도 했다.

하나만 고집하지 말고 적극적으로 두 가지를 합치는 연습을 하라. 그러기 위해서는 뭐든지 받아들이는 자세가 있어야 한다. 새로운 것에 호기심을 가져야 한다. 한 가지에 다른 것을 합치는 연습을 늘 하는 것이 필요하다. 주위를 둘러보고 두 가지를 무조건 합치는 연습을 하라.
1 더하기 1은 결코 2가 아니라는 사실을 명심해야 할 것이다.

14. 색깔을 칠하라

베트남 북부 사파 지역의 어느 소수민족의 의상. 이들은 인디고 물감
을 직접 만들어 염색한 옷을 입고 다닌다. 색상만 봐도 어떤 민족인
지 금방 알 수 있다.

색깔을 도입하는 것은 커뮤니케이션의 비용을 줄여 주는
효과가 있다.
컬러를 선점하는 것은 큰 재산이 될 것이다.

우유라고 하면 하얀색을 먼저 떠올린다. 코카콜라는 빨간색, 포카리스웨트는 파란색처럼 우리에게 컬러는 하나의 기호다. 사람들은 컬러라는 기호를 통해 그 안에 담긴 메시지를 받아들인다. 그러므로 색깔을 도입하는 것은 커뮤니케이션의 비용을 줄여 주는 효과가 있다.

동아오츠카가 만드는 포카리스웨트는 음료시장에서 파란색을 선점하였다. 광고나 마케팅에서 온통 파란색을 강조하고 있는데, 사람들이 파란색만 보면 포카리스웨트가 생각나도록 한 것이다. 컬러 세뇌다. 특히 파란색은 상큼하고 시원한 이미지를 갖고 있으니 금상첨화인 셈이다. 물론 파란색은 슬픔이라는 기호도 갖고 있다. Love Is Blue……라는 노래가 있다. 사랑은 슬픈 것이라는 뜻이다. 왜 파란색이 슬픈 의미가 되었을까? 알다시피 파란색은 깨끗함과 희망을 상징하며 서구에서는 고귀한 신분을 나타내기도 했는데 파란색이 차가운 느낌과 냉정함 때문에, 또 열정의 빨간색과 대비되어 파란색을 절망의 상징으로 사용하는 것은 아닐까?

맥도널드가 몇 년 전부터 노란색의 M자를 도입하여 맥도널드의 모든 것을 표현하고 있다. 기네스북으로 유명한 기네스맥주는 까만색의 이미지를 적극 활용하여 마케팅과 광고에 이용하고 있다. 초콜릿 브랜드로 유명한 M&M은 새로운 색깔을 제품에 사용한 후 매출이 세 배나 뛰었다고 한다. 컴퓨터 회사인 애플은 iMac 시리즈에 블루베리, 라임, 포도, 오렌지, 딸기 등 다섯 가지 색깔을 사용했는데 가장 인기 있는 블루베리색은 포도색이나 라임색보다 50달러, 오렌지색과 딸기색보다는 백 달러나 더 비싼 값에 팔렸다고 한다.

1982년부터 컬러 방송이 시작되었으니 그 후 태어난 사람들은 그전의 사람들보다 컬러 감각이 더 뛰어나다고 볼 수 있다. 젊은 세대들은 컬러를 생활의 일부분으로 받아들인다. 자동차의 다양한 컬러를 보라. 삼성 센스노트북은 빨간색을 도입하여 신세대에게 어필하였다. 요즘 나오는 스포츠카의 색상을 보라. 현란하다. 컬러 이미지가 명확한 제품이나 서비스는 대개 성공을 했다는 건 굉장히 중요한 사실 아닌가. 기성세대들이 무채색 세대라면 이제는 유채색 세대가 주류를 이루고 있다. 하얀색 드레스셔츠는 정통이지만 컬러 셔츠는 새로운 감각이다. 남자들도 이제는 꽃무늬가 있는 셔츠를 입는다. 나도 꽃무늬 드레스셔츠 한 벌이 있는데 입어 보니 반응이 괜찮다. 무채색에 색을 도입하는 것은 물론 색상의 상식을 벗어나 새로운 것을 시도하는 것도 좋다. 장미라고 하면 빨간색을 연상하고 하얀색과 노란색이 있다는 걸 알지만 파란색 장미도 있다는 사실을 아는가!

도저히 컬러를 넣지 않을 것 같은 제품이나 서비스에 도입해 보라. 긴 문장이나 설명으로 접근하지 말고 하나의 색으로 어필하라. 사람들이 기억하는 중요한 색상은 몇 가지밖에 되지 않는다. 그 중요한 컬러를 선점하는 것은 큰 재산이 될 것이다.

참고로 중요한 몇 가지 색채에 대한 상징과 연상에 대해서 알아보자.

빨간색은 정열, 위험, 혁명 등을 상징하며 사랑과 증오, 연민과 전쟁 등을 나타내며 사람들을 흥분시키고 선동하는 색이다. 또한 애정, 욕망, 구애, 희열, 흥분, 분노, 정지 등을 상징하고 태양, 피, 불 등을 연상시킨다.

파란색은 행복, 희망을 나타내는 색이지만 슬픈 음악을 '블루 뮤직Blue Music'이라고도 한다. 우리나라에서는 청춘을 상징하기도 하며, 하늘 혹은 물 등 차갑고 시원한 느낌을 준다. 투명함. 냉정함, 차가움, 광활함, 침착함, 이지, 신비함, 진리, 총명함, 소극성 등을 동시에 느끼게 한다.

노랑의 대표적인 감정은 우호적인 것이다. 고대 중국에서는 황제의 색이었으며 로마에서도 고귀한 색으로 취급되었다. 그러나 예수를 배반한 유다가 노란색을 입은 이후로 나쁜 색으로도 취급받고 있다. 그러나 노란색은 모든 색상 중에서 아주 빛나는 밝은 색이며 해바라기, 병아리, 개나리, 봄 등을 연상하게 한다.

녹색은 흔히 자연의 색으로 인식되고 있다. 그러나 인간의 미숙함을 나타내기도 한다. 서양에선 경험이 부족한 사람을 뜻하기도 한다. 눈에 가장 편안함을 주는 색인 녹색은 공유색으로써 평화, 풍요, 청춘, 신선함, 이상, 안전, 미숙 등을 상징하며 숲, 야채, 과일, 5월 등을 연상하게 한다.

흰색과 검정 등 무채색은 시작이며 끝을 의미한다. 그래서 무채색은 탄생과 죽음의 상징으로도 사용되고 있다. 무채색은 경건한 색인 동시에 볼품없고 드러나지 않는 색이기도 한다. 그러므로 무채색의 사용은 신중하게 그 효과를 고려하지 않으면 자칫 역효과를 나타낼 수 있다. 대개의 나라가 그렇지만 우리나라에서도 흰색과 검정색은 늘 특별한 대접을 받는다. 흰색과 검정 이 두 가지 색을 그 무언가에 잘 활용하면 그 무언가가 특별해진다. 주로 순수, 순결, 결백, 평화를 나타내는 흰색은 결혼, 출산, 구혼, 백의민족, 세탁, 쌀밥, 속옷, 겨울 등의 연상을 하게 한다. 검정은 죽음, 애도, 불길함, 억압, 권위, 위엄 등을 나타내며 밤, 석탄, 성직자, 샐러리맨 등의 연상을 가지고 있다.

색깔을 칠하는 것은 생명을 주는 것과 같다. 수많은 색깔 중 가장 특별한 흰색과 검정색에 대해서 별도로 생각해 보자. 다음 장을 보라.

15. 하얗게 만들어라

필자가 소장하고 있는 백자 달 항아리. 오묘한 색상이 보는 이의 마음을 편안하게 한다. 흰색은 순결이고 평안함이다.

여성을 상대로 하는 비즈니스라면
흰색이 갖고 있는 순결함, 당당함, 고귀함을 최대한 이용하라.

흔히 백색가전이란 말을 쓴다. 이는 냉장고, 세탁기, 밥통, 에어
컨, 전자레인지 등 생활가전이 처음 출시되었을 때 일반적으로 흰색이
었기 때문에 '생활가전'을 뜻하는 의미로 쓰이게 되었다. 흰색은 깨끗
함, 순결, 고급스러움, 따뜻함, 완벽함을 상징하는 색이었지만 이제는

다양한 색상이 생활가전에도 적용되고 있어 백색가전의 구분은 의미가 없어지고 있다. 그러나 고가의 전자제품은 소비자들이 감성적인 것보다는 합리적인 선택을 하는 편이기 때문에 화려한 유채색보다는 안정적인 색깔을 더 많이 선택한다는 것이 일반론이다. 백색가전이 있다면 당연히 흑색가전도 있다. TV, 오디오 등은 대체로 검은색이었기 때문에 '흑색가전'이라고 한다.

인류는 다양한 피부색을 가지고 있다. 우리처럼 황색이나 흑인, 백인들 모두 나름대로의 매력을 갖고 있다. 흑인들도 흑인이라고 부르는 것보다 'Hey, brown guy!'라고 부르면 더 좋아한다고 한다. 여자들은 대체로 하얀 피부를 동경하는 경향이 있다. 미백 화장품이 많이 나왔고 많은 여자들이 이걸 사용하고 있다. 여성들은 피부를 구릿빛으로 태우고 싶은 욕구를 가진 사람도 있는가 하면 하얀 피부를 동경하는 사람도 많다. 우리나라는 전통적으로 미인의 피부를 백옥 같은 피부라고 했으니 하얀 피부를 더 높이 평가했음이 틀림없다. 나도 개인적으로 흰 피부가 좋다. 물론 구릿빛은 탄력이 있어 보이기는 한다. 피부를 잘못 태우면 얼룩덜룩해질 수도 있고 피부암이 걸리기도 한다니 돈을 주고 인공적으로 태닝을 하는 사람은 조심해야 한다.

흰색은 우리에게 상쾌한 느낌을 주기도 한다. 파도의 하얀 포말이나 맥주의 하얀 거품은 보기만 해도 상쾌한 느낌을 준다. 하얀 천이 덮인 침대는 깔끔함을 주고 하얀 드레스는 순결함을 나타낸다. 웨딩드레스는 요즘 핑크 등 여러 가지 파스텔톤을 사용하기도 하지만 역시 하얀색이 주는 맛을 따라가기는 어렵다. 흰색의 웨딩드레스는 신부의 순결을 의미한다. 또 신부가 머리에 쓰는 흰색 베일은 정절을 뜻한다. 이것만 보면 여자에게만 정절을 요구하는 듯한 인상을 주기도 한다. 신부를 아름답게 하는 드레스가 아니라 신부에게 의무를 강요하는 듯한 느낌이 있었던 것이다. 신부가 친구에게 던지는 부케. 흔히 장미, 카네이션, 프리지어, 양란 등을 사용하는 데 여기에 쓰이는 하얀 꽃은 다산과 순결을 상징한다. 물론 지금은 순결과 정절, 다산의 의미가 많이 퇴색되어 버렸지만 흰색이 주는 깨끗함 때문에 여전히 사랑받고 있다. 흰색은 이렇게 순결이라는 의미로 받아들여진 것은 19세기 이후였다. 그 이전에는 축하나 부의 상징으로 여겨졌다.

우리는 백의민족이었다. 옛날 사진을 보면 온통 하얀 옷을 입은 사람들의 모습을 볼 수 있다. 흰옷을 좋아해서가 아니라 염색기술이 없어서 그랬다는 주장도 있다. 그러나 흰색은 태양숭배에서 출발하여 그 흰빛을 숭배한 것에서 유래되었다는 설도 공감을 받는다. 중국문헌인 〈위지〉에 보면 부여시대에 이미 사람들이 흰옷을 입고 다녔다고 한다. 일제강점기에는 백의가 항일정신의 상징으로 여겨지기도 했다. 현대화가 되고 생활이 다양해짐에 따라 이제 백의민족은 하나의 상징으로만 남았고, 다양한 컬러의 옷을 입는 민족이 되었다. 간호사는 흰옷을 주로 입기 때문에 백의의 천사라고 했다. 흰옷이라야 오염이 되는 것을 쉽게 발견할 수 있다. 만약 간호사가 너무 컬러풀한 옷을 입으면 백의의 '천사'라는 말과는 전혀 어울리지 않을 것이다. 천사는 흰옷을 입어야 제격이니까.

1983년 컬러 방송이 시작된 이래 우리의 생활에는 컬러가 많이 도입되었다. 옷에도 과감한 색상이 도입되고 머리염색도 별의별 색깔로 했다. 그래도 아직 우리의 생활 곳곳에서 흰색은 많이 찾아볼 수 있다. 드레스셔츠는 누가 뭐래도 하얀색이 가장 좋다. 자동차도 하얀색이 가장 많이 팔리기도 했다. 우리의 피 속에는 흰색에 대한 염원이 담겨 있는지도 모르겠다. 아니 인간의 본성에는 흰색에 대한 욕구가 강할 것이라고 나는 믿는다.

흰색은 여성적이다. 서양에서 여성 이름에 흰색을 나타내는 경우가 많다. 우리가 잘 아는 만화 주인공 캔디도 흰색을 나타내는 것이고, 비앙카, 제니퍼, 데이지 같은 것이 모두 흰색 혹은 흰색 사물을 뜻한다고 한다. 반면 남성 이름에는 검정색이 많다고 한다. 여성을 상대로 하는 비즈니스라면 당연히 흰색을 활용하는 것이 좋다. 흰색이 갖고 있는 순결함, 당당함, 고귀함을 최대한 이용하라. 그러면 비즈니스가 달라질 것이다.

16. 까맣게 만들어라

기네스맥주는 흑맥주다. 검정을 강조하고 검정색이 주는 의미와 이미지를 잘 표현한 광고를 선보이고 있다.

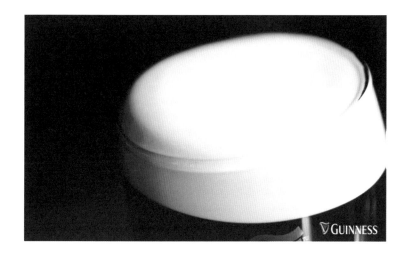

까만색은 가장 섹시한 색깔일 수 있다.
흑맥주의 대명사인 기네스맥주는 곧잘
검정과 섹스어필을 통해 기네스맥주를 강조한다.

나는 까만색을 좋아한다. 내 연구실의 분위기도 늘 까만색이 주
조를 이루었고 노트나 여러 가지 소품도 검정색이 많다. 내가 특별히
검정색을 좋아하게 된 원인을 누가 물으면 나는 대답을 하지 않고 빙
그레 웃고 만다. 사실 나도 그 원인을 잘 알 수가 없다. 그냥 좋을 뿐
이다. '좋은데 이유가 있어?'라고 대답한다. 다만 검정색은 가장 완벽

한 느낌을 준다는 것이라는 것은 적어도 나에게는 틀림없는 사실이다. 그러다 보니 자꾸 검정색만 추구하게 되는데 이는 내 스스로를 완벽하게 하고 싶은 욕구에서 출발한 것이다.

그러다 보니 옷도 온통 까만색이다. 양복의 90%는 검정이고 티셔츠나 니트, 바지 등도 검정이 많다. 검정이 싫증나면 짙은 회색으로 대신하는데 그게 그거다. 내가 검정 옷만 주로 입으니 친구나 제자들이 왜 같은 옷만 입느냐고 한다. 그러나 그건 모르는 말이다. 검정색에도 여러 가지가 있다. 검정색, 먹墨색 등 같은 검정이라도 조금씩 다르다. 이중 나는 특히 먹색을 좋아한다. 먹을 잘 갈아놓았을 때의 그 검정. 거기에는 기품과 깊은 철학의 냄새가 난다. 그래서 같은 검정이라고 먹색을 더 좋아한다. 가끔은 컬러풀한 옷을 사기도 하는데 결국 얼마 못 가서 그 옷은 아들놈의 방으로 들어가고 만다.

검정색은 광학적으로는 모든 색을 흡수하는 것이므로 존재하지 않는 것이다. 검정에 관한 심리는 우리가 아는 상식대로 죽음이나 암흑이며 신비감을 나타내기도 한다. 앞서 말한 대로 검정색은 모든 것을 감춰 버리는 색이므로 비밀이나 미지의 예감을 나타낼 때도 검정이 나타난다. 생활 속에서는 때가 잘 나타나지 않으므로 작업복이나 등산복 등에 검정색이 많이 이용되기도 한다. 산에 가 보면 온통 검정색 바지가 많은데 그건 불만이다. 좀 더 다양한 색상을 도입하면 좋을 텐데 너 나 없이 검정색 아니면 붉은색이다. 등산복 메이커들의 새로운 시도를 기대해 본다.

우리나라에서나 많은 나라에서는 까만색을 죽음과 연관시키는 경우가 많다. 죽으면 어둠속으로 묻힌다고 생각해서일까? 아니면 밤과 연관시켜서일까? 옛날에 우리의 상복은 흰색 옷이나 삼베로 만들었지만 요즘은 까만 양복을 많이 입는다. 시대에 따라 색깔에 대한 감정도 달라진 것이다. 자동차도 요즘은 여러 가지 색깔로 되어 있지만 그래도 대형차는 검정색이 태반이다. 정치가나 기업인들의 차는 한결같이 검정색이다. 검정색이 권위적이라는 관념을 가지고 있기 때문이다. 정치가들은 오히려 다양한 색상의 자동차를 타는 것이 유권자와 친해지기가 쉬울 텐데 검정만을 고집하는 걸 보면 고개가 갸웃거려진다. 스스로 권위적으로 되어 버리는 것이다. 권위는 자기가 만든다고 되는 것이 아니라 남이 만들어 주는 것인데.

영어에서 검정과 흰색을 블랙, 화이트라고도 하지만 에보니Ebony, 아이보리Ivory라고도 한다. 에보니는 흑단나무인데 주로 열대지역에 널리 분포한다. 흑단은 무겁고 검은 목재로서 단단하고 내구성이 강해 고급목재나 피아노 키 등에 쓰인다. 흑인을 블랙이라고 하지 않고 에보니라고 하는 것은 좀 더 서정적인 표현이다. 리듬앤 블루스의 흑인 음악이 에보니 음악이라고 불리기도 했다. 아이보리는 코끼리의 상아다. 이는 에보니의 상대적인 의미로써 흰색을 나타내는 말로 많이 쓰인다.

샐러리맨들의 양복은 검정색이 많다. 결혼식 때 여자는 흰 웨딩 드레스를 주로 입지만 남자는 검정 예복을 주로 입는다. 남자가 흰 예복을 입고 여자가 검정 드레스를 못 입으란 법은 없지만 아직 우리의 상식으로는 너무 어색할 것 같다. 검정색은 가장 고급스러운 색이라고 나는 생각한다. 고급 오디오나 가전제품도 검정색으로 된 것이 많다. 그래서 백색가전의 상대적인 표현으로 흑색가전이라는 말을 쓴다. 예전에 롯데제과에서 나온 '블랙조'라는 초콜릿은 젊은 세대를 겨냥해서 검정색 초콜릿을 만들었고 포장이나 광고도 온통 검정색으로 했다. 과감한 컬러 마케팅을 도입한 것인데 당시에 상당히 인기를 끌었다. 우리나라 굴지의 전자제품회사도 한때 신혼부부를 타깃으로 하여 블랙 시리즈를 선보인 적이 있다.

맥주라고 하면 보통 황금색에 하얀 거품이 일어나는 것을 상상하지만 요즘은 흑맥주도 젊은이들에게는 상당히 인기를 끌고 있다. 흑맥주는 일반 맥주에 비해 풍부한 맛과 향을 가지고 있어 나도 좋아하는 편이다. 흑맥주 중 가장 좋아하는 것은 기네스다. 기네스북으로 유명한 기네스맥주는 수백 년 역사를 갖고 있는 아일랜드 맥주다. 18세기 아서 기네스가 맥주를 만들려고 맥아를 불 위에 놓고 깜박 잠들었다가 정신을 차려 보니 초콜릿 향기를 풍기는 흑단색의 액체를 발견했는데 그것이 오늘날 아일랜드 스타우트, 즉 기네스의 시초가 되었다고 한다. 아일랜드의 스산한 날씨를 느끼며 마시면 제맛이 난다고 하는 알코올 함량 5.6%인 기네스맥주는 마시는 이의 기분까지 고급스럽게 만들어 주는 힘이 있다.

자, 검정색을 도입해 보자. 특히 새로운 제품을 개발하거나 마케팅을 하는 사람이라면 검정색의 이미지를 도입하여 새로운 시도를 해 볼 수 있을 것이다. 상식적인 색깔이나 고정관념의 색깔을 검정색으로 표현해 보라. 황금을 노란색이어야 한다고만 생각하지 마라. 잔디를 녹색으로 생각하지 마라. 우유가 흰색이어야 한다는 생각을 버려라. 검정색은 활용하기에 따라서 얼마든지 새로운 아이디어가 된다는 점을 잊지 마라. 또 스스로에게 검정색의 변화를 시도해 보라. 검정색의 그 완벽한 컬러 감각을 자신에게 도입해 보라. 그러면 지금까지와는 다른 세계를 경험해 볼 수 있을 것이다.

17. 투명하게 하라

투명 프라이팬이다. 상식을 벗어난 아이디어 제품으로써 요리의 색다른 재미를 줄 수 있는 것이다. 우리는 본능적으로 투명한 것을 좋아하는지도 모른다.

전화기 등 전자제품 속을 들여다보게 만든 것들이 있었다.

수영복 팬티에도 투명끈을 달아

보는 사람들을 아찔하게 만든 것도 있다

투명인간이 가능할까? 현재로서는 소설이나 영화 속에서만 나오지만 앞으로 정말 투명인간이 나올지도 모르겠다. 〈투명인간〉이란 소설은 영국의 웰스라는 작가가 1897년에 발표한 것인데 우리 몸의 세포에 유리와 같은 빛의 굴절도를 주어 남의 눈에 보이지 않게 하는 약을 발명한 사람의 이야기이다. 투명인간을 이용하여 재산과 권력을 탐내다가 결국 죽게 되는 허망한 이야기로 소외된 인간의 고독을 잘 묘사했다는 평가도 받고 있다.

우리는 색깔로 물체를 인식한다. 따라서 색깔이 없으면 인식이 어려워진다. 당연히 색깔이 있어야 하는데도 일부러 투명하게 만들어 사람들의 흥미를 끄는 제품도 있다. 투명 테이프는 이미 생활화되었고 투명끈이 달린 브래지어는 여름철 여성들에게 인기를 끌고 있다. 수영복 팬티에도 투명끈을 달아 보는 사람들을 아찔하게 만든 것도 있다. 제품의 속을 보여 주는 것도 많다. 투명 컴퓨터, 투명 마우스, 투명 시계, 투명 자동차 등.

내 사무실의 책상도 말하자면 투명이다. 쇠로 된 받침대 위에 유리판을 얹어놓은 것이다. 나무로 된 책상은 왠지 아이디어의 통로가 막히는 것 같은 느낌이 들어서 나는 오래전부터 유리 책상을 고집하고 있다. 물론 유리에 약간의 컬러를 넣고 강화유리로 했다. 이제는 습관이 되어 나무로 된 책상에 앉으면 답답한 느낌이 든다. 그리고 책상을 반드시 유리창 앞에 둔다. 고개를 들거나 약간만 돌리면 바로 밖을 볼 수 있게 한 것이다. 역시 생각의 흐름을 막고 싶지 않은 이유에서이다. 벽을 보고 앉으면 생각이 막히는 기분이 든다. 창의적인 일을 하는 사람은 벽을 보고 앉으면 안 된다는 것이 나의 지론이다. 말하자면 일종의 자기 최면이다.

이처럼 모든 물건을 투명하게 만들 수 있다. 책상뿐 아니라 의자도 투명하면 왜 안 되는가? 사람의 몸도 투명하다면 징그러울까? 아니면 속을 볼 수 있어 건강 체크 등 좋은 일이 더 많을까? 가끔 내 몸이 투명해서 머릿속이나 몸속을 들여다보았으면 좋겠다는 생각을 해 본다. 겨울철 낚시로 인기가 좋은 빙어. 빙어는 몸속이 들여다보이고 맛도 좋은 물고기다. 투명한 고기라서 더 맛깔스럽다는 사람이 많다. 속이 비어서 공어空魚라고도 하고 빙어氷魚라고도 한다. 얼음을 뚫고 잡아서일까, 몸이 투명해서일까? 하여튼 빙어는 투명하다는 면에서도 사람들의 관심을 끌고 있다.

경영에 있어서도 투명성이 강조되면 그 기업은 호감을 얻게 된다. 예전에 상공회의소가 300개 기업을 대상으로 조사한 바에 따르면 투명 경영의 필요성을 느낀다는 기업이 68%였다. 그러나 투명 경영을 실천하는 데는 소극적인 것으로 나타났다. 투명 경영은 윤리 경영과도 통한다. 우리나라에서는 유한양행 같은 기업이 투명 경영의 이미지를 가지고 있다. 소비자들이 유한양행의 제품에 대해 호감을 갖는 것은 당연하다. 창업자인 유일한 박사의 의지가 오늘날에도 실천되고 있는 것이다. 특히 사람의 생명에 관계되는 제품이나 일의 경우는 투명성이 무엇보다 중요하다. 유한양행이란 이름만 붙어 있으면 어떤 약이라도 일단은 안심하게 된다. 그러나 어느 제약회사가 경영이 투명하지 못하면 그 회사에서 만든 약도 의심을 받는다. 소비자들이 의구심을 가지고 있는 기업이라면 무엇보다 먼저 투명 경영의 모습을 보여 주어야 한다.

정치에도 색깔론이 자주 등장하는데 우리나라 정치인들은 유권자들에게 투명하게 보이지 않는 편이다. 소신이 없고 거짓을 말하고 자기 이익만 챙기려 들고. 그런 이미지를 우리나라의 많은 정치인들이 보여 주고 있다. 이건 유권자의 잘못이 아니다. 그렇게 보이는 정치인들의 잘못이다. 우리나라 정치가 잘 되려면 우선 정치의 투명성이 있어야 한다. 정치를 투명하게 만드는 것이 진정 정치의 선진화일 것이다.

투명하다는 것은 이렇게 진실하다는 의미로도 쓰인다. 하는 일이 투명하다면 누구에게도 당당할 수 있다. 그러나 우리는 흔히 사람을 색안경을 끼고 보는 경우가 많다. 자기 나름대로의 기준을 가지고 파란색 혹은 빨간색으로 상대방을 보는 것이다. 색안경을 쓰고 보는 것이 선입견이다. 물론 선입견은 좋은 것이라면 나쁠 건 없지만, 대개의 선입견은 잘못 보는 경우가 많다. 그러므로 스스로를 투명하게 보여 주는 것이 필요하다. 그래야 남들이 나를 색안경을 벗고 보게 된다. 만약 당신의 회사 내에서 남들이 색안경을 끼고 나를 본다면 빨리 자신을 투명하게 만들어야 한다.

18. 시각에 호소하라

사찰에 가면 만날 수 있는 사천왕의 모습. 부라린 눈의 시각적 효과로 인해 보는 것만으로도 나쁜 짓을 못 할 것 같다.

'보는 것이 믿는 것이다.'라고 했다.

나는 그동안 책과 TV에서 보고 들은 것을 내 눈으로 직접 보기 위해 카메라를 들고 여행을 다닌다.

직접 보게 하는 것은 믿음을 받는 좋은 방법이다.

대관령에 가면 거대한 풍력발전기의 모습을 볼 수 있다. 압도적인 모습만 바라보아도 전기를 많이 생산할 수 있을 것 같은 느낌이 든다. 시각으로 의미를 받아들이는 사례다.

우리가 도로에서 늘 만나는 도로표지판은 단순화된 그래픽을 사용하고 있다. 그걸 글로 일일이 표현하자면 너무 길어서 교통사고가 더 날 것이다. 그런 것을 보고 한눈에 알 수 있는 것은 우리 인간의 시각능력이 그만큼 탁월하다는 증거다. 우리는 외부의 자극으로 경험을 할 때 우리가 가진 오감각 중 가장 많이 받아들이는 것이 바로 시각적인 자극이다.

기업들이 시각적 자극을 효과적으로 활용하는 방법이 시각적 기호이다. 유명한 기업이나 제품 브랜드들은 시각적 기호에 호소하는 방법을 많이 사용하고 있다. 이것은 마케팅에서 기호적 접근이지만 결국 사람들의 시각적 이미지를 자극하여 그 브랜드를 인지하도록 한 것이다. 알다시피 나이키는 역동적인 마크로 나이키의 스포츠 감각을 표현하고 있으며 애플컴퓨터는 사과 한 알의 그래픽으로 기업을 대신하고 있다. 삼성그룹은 타원형의 마크에 영문자로 사용하고 있는데 외국의 유명기업에 비해 시각적 기호성이 떨어진다. 앞으로 더 단순화할 필요가 있다.

일본 사람들은 생선회를 좋아하고 매실도 자주 먹는다. 매실은 약리적 효능이 탁월한 것으로 널리 알려졌다. 특히 식중독을 막아 주는 효과가 있어 생선회 같은 날것과 같이 먹으면 좋다고 한다. 그래서 생선회를 먹을 때는 매실주를 곁들이면 좋다고 한다. 우리나라의 매실주는 보해에서 나온 매취가 초창기에 시장에 나왔다. 그러나 25도인 이 술은 독해서 크게 인기를 끌지 못했는데 이것을 16도로 순하게 만든 매취순은 크게 히트했다. 특히 5년이라는 장기간 숙성의 술이라서 부드러운 맛이 소비자의 입맛을 당기게 했다. 매취순이 인기를 끌자 매실주 브랜드들이 쏟아져 나왔다. 그러나 매실주의 대명사가 된 매취순을 잡기에는 역부족이었다.

그런데 매취순이 리드하고 있는 매실주 시장에 시각적 자극을 활용하여 소비자들에게 크게 어필한 술이 바로 두산의 설중매였다. 설중매는 실제 매실을 병속에 넣어 소비자들에게 시각적 만족감을 주었고 진짜 매실로 만들었다는 신뢰를 얻었다. 매취순이 매실주의 대표 브랜드이던 상황에서 후발 브랜드로 나온 설중매는 실제 매실을 넣어 '보는 것이 믿는 것이다.'라는 사실을 잘 활용했다. 당연히 시장에서 큰 인기를 얻었다. 후발 브랜드들은 설중매의 전략을 배울 필요가 있다. 진짜 실크인지 아닌지 의심을 산다면 진짜 누에고치를 제품에 단다면 이야기는 달라질 것이다.

고급자동차나 고가의 제품들은 고객이 만지지 못하게 했다. 이제는 그렇지 않다. 시각적 욕구를 촉각으로 완성시키는 것이다. 촉각이 없으면 시각만으로는 부족하기 때문이다. 일단 시각에서 시선을 끌면 그다음 촉각이나 후각, 미각으로 통해 만족감을 얻으려는 것이 인간의 본성이다.

사람은 오감각으로 사물을 받아들이고 경험을 하게 되는데 그중 시각이 가장 많이 받아들인다. 그만큼 시각은 중요한 것이라서 '보는 것이 믿는 것이다.To see is to believe.'라는 말도 있다. 바로 이 점을 활용하라. 보는 것이 믿는 것인 만큼 보게 하는 아이디어는 신뢰를 받는 가장 좋은 방법이 된다. 또 다양한 시각적 자극을 주면 사람들은 관심을 갖게 된다.

우리가 길을 걷다가 만나는 간판, 서점에서 보는 책표지, 가게에서 만나는 다양한 제품들, 회사에서 쏟아져 나오는 각종 서류들……. 이런 곳의 시각적 자극을 연구하라. 그리고 기획서나 보고서 표지에 과감한 시각적 이미지를 활용해 보라. 아무리 좋은 내용이라 할지라도 우선 시각적으로 믿음을 주어야 한다. 특히 신뢰를 받아야 하는 아이디어는 시각으로 해결해야 한다는 점을 잊지 마라.

19. 청각에 호소하라

봉화 청량사의 풍경. 소리와 형상이 결합된 풍경은 소리의 청량함이

돋보인다. 종 안의 물고기 모양의 탁설은 물고기는 잘 때도 눈을 감지 않는다는 의미를 가지고 있는데 수행자는 항상 깨어 있어야 한다는 메시지를 담고 있다.

대체로 남자는 시각적 욕구가 강한 반면
여자는 청각적 자극을 더 원한다.

내가 중학교 다닐 때인가? 그때 교과서에 이런 이야기가 있었다. 6.25전쟁 당시 피난열차의 사람들은 지치고 전쟁의 아픔에 모두 괴로워하고 있었다. 그때 누군가가 휴대용 전축으로 G선상의 아리아를 들려주었다고 한다. 시끌시끌하던 열차는 이내 조용해졌고 사람들은 음악에 귀를 기울였다. 처음 그 음악을 들은 사람들도 많았을 것이지만 모두들 바이올린 소리가 가슴속을 적시는 것을 느낄 수 있었다. 피난

열차를 탄 사람들은 전쟁의 아픔과 피난의 고통을 잠시 잊고 바이올린 선율에서 위로를 받은 것이다. 음악의 위대함을 표현한 글인데 이 이야기가 왜 교과서에서 사라졌는지는 모르겠다.

대학원 시절, 어느 여고에서 잠시 교사를 하고 있을 때였다. 음악 선생님이 점심시간마다 교내방송을 통해 사라사테의 '찌고이네르바이젠'을 들려주었다. 집시의 노래라는 이 곡은 애절한 느낌을 주는 바이올린 곡이었다. 이 곡은 수많은 음악가들이 연주를 했는데 장영주의 연주가 가장 정열적이라는 평가를 받는다. 점심시간마다 나는 그 음악을 듣고 곡조 하나하나마다 다 외울 수 있게 되었다. 그 후 나는 공군장교로 입대하였고, 훈련시절에 다시 그 음악을 듣고 눈물을 흘린 적이 있다. 국어교사 시절의 기억은 다른 감각보다 내 청각에 깊이 박혀 두고두고 남아 있다. 지금도 나는 찌고이네르바이젠을 들으면 한 소절마다 모두 내 기억의 세포에서 살아나는 느낌을 받는다.

백화점이나 옷가게 혹은 레스토랑에서는 대개 음악을 들려준다. 음악은 마음을 편안하게 하고 구매를 자극하는 효과가 있다. 젊은이들이 많이 오는 곳이면 최신 음악을 들려주고 나이든 사람들에게는 편안한 클래식을 들려주면 효과적이다. 미각을 파는 레스토랑에서, 혹은 시각을 파는 옷가게에서 청각인 음악을 활용하는 것이다. 요즘은 고속도로 휴게소 화장실에 들어가도 음악이 나온다. 일(?) 보기가 한결 수월한 효과도 있을 것이다.

TV 광고에서 식품을 표현할 때 청각을 많이 활용하는데 라면이나 조미료 같은 것에서 많이 사용된다. 흔히 시즐감이라는 것인데 지글지글하는 소리로 소비자들의 미각을 자극하는 것이다. 영어에서 시즐Sizzle은 지글거리는 소리를 뜻한다. 집에서도 그렇다. 부엌에서 들려오는 지글지글 소리는 가족들의 미각을 자극한다. 주부라면 요리의 소리로 가족의 식욕을 미리 자극하는 센스를 가져도 좋을 것이다. 도마 위에서 칼질하는 소리도 좋고, 냄비에서 보글보글 끓는 소리나 프라이팬에서 고기 굽는 소리는 더없이 효과적이다.

스마트폰 벨소리는 이제 많은 사람들이 음악으로 대신하고 있다. 청각적 즐거움을 가지려는 것이다. 전화 거는 소리도 컬러링이라고 흔히 불리는 음악으로 대신하고 있는데 잠시라도 청각적 즐거움을 놓치지 않으려는 사람들의 욕구를 잘 반영하여 성공한 서비스다.

소리는 광고나 드라마에서 효과가 크다. 만약 TV에서 소리가 나지 않으면 얼마나 답답할까. 광고에서는 제품의 특징을 소리로 들려주는 경우를 많이 볼 수 있다. 음식이 요리되는 소리, 스마트폰이 보여 주는 세상, 음료 뚜껑을 따는 소리는 구매 욕구를 자극한다. 드라마에서도 음악이나 효과음이 큰 작용을 한다. 연인을 만날 때 혹은 헤어질 때의 음악이 시청자의 마음을 빼앗아 간다. 시청자란 보고 듣는 사람이다. 그래서 광고나 드라마에서 음악이나 효과를 담당하는 전문가가 있다. 그들은 소리로 사람을 움직이는 방법을 알고 있다.

모터사이클의 고급 브랜드인 할리데이비슨은 마니아들 사이에서는 생명이 있는 기계라고 불리고 있다. 그 이유는 할리데이비슨만의 특유한 배기음 소리 때문이다.

'투둥 퉁퉁 투두둥'거리는 이 소리는 불규칙인 엇박자로 들리는데 묵직한 베이스 소리가 매력적이다. 다른 모터사이클에서는 들을 수 없는 이 소리는 두 개의 엔진을 45도 각도의 V자형으로 배열한데서 나오는 소리인데 별도의 소음연구소까지 설립한 할리데이비슨은 이 배기음에 대한 특허도 냈다고 한다.

청각은 남자보다 여자가 더 예민하다고 알려져 있다. 남자는 시각적 욕구가 강한 반면 여자는 청각적 자극에 약하다는 것이다. 그래서 여자들을 상대할 때는 음악 같은 청각적인 환경을 만들어 주면 훨씬 효과가 좋다.

잘 관찰해 보라. 여자들은 드라마를 좋아하고 친구와 수다 떠는 것을 즐긴다. 대체로 귀에 성감이 발달되어 있는 것도 이와 관계가 있을 것이다. 물론 음악은 남자들에게도 효과적이다.

당신의 아이디어가 심심하다면, 혹은 2% 부족하다면 그곳에 청각적 자극을 가미하라. 그러면 아이디어가 생명을 얻을 것이다. 그러기 위해서는 음악에 대한 소양을 갖추어야 한다. 우리나라 전통음악, 팝송, 샹송, 클래식, 각 나라의 민요 등을 알고 있으면 좋다. 또 음향효과에 대해서도 연구해 두면 쓸모가 많다.

20. 미각에 호소하라

변산 부안 곰소젓갈. 젓갈마다 오묘한 맛이 있어 인기가 좋다. 부안을
들르는 사람은 대개 이 젓갈 정식을 맛본다.

가장 짜릿한 미각적 즐거움은 프렌치키스가 아닐까?
사랑하는 사람과 나누는 미각적, 촉각적 즐거움!
사람들에게 미각을 느끼도록 하라.
사람의 두뇌는 한 번 맛본 것을 기억한다. 그것도 오래.

인간의 혀는 참 오묘하다. 음식물을 씹고 미각을 느끼게 하며 발
음과 밀접한 기능을 하고 있다. 물론 사랑의 표현인 키스에서도 중요

한 역할을 한다. 프렌치키스에서는 혀의 중요성은 더할 나위가 없다. 그러고 보면 혀는 미각만이 아니라 촉각에서도 중요한 역할을 하는 모양이다. 혀의 감촉은 대단한 것이니까. 혀는 그 위치에 따라 다른 미각을 느낀다고 하는 건 이미 잘 알려진 상식이다. 혀는 눈, 입술과 함께 우리 몸의 건강을 알려주는 역할을 한다. 병이 생기면 색깔이나 단단함의 정도가 달라지고 통증을 느끼기도 한다.

입속의 혀라는 말이 있다. 한자로는 여구지설如口之舌이라고 한다. 사람의 속마음을 잘 알아주어 굳이 말로 표현하지 않아도 상대방을 편하게 해 주는 남편이나 아내를 뜻한다. 혀는 심장처럼 잠시도 멈추지 않고 움직이고 있다고 한다. 심장이 멈추면 우리 몸에 산소 에너지를 가진 헤모글로빈을 순환시키지 못하므로 생명이 위험해지므로 심장은 늘 움직이고 있는데 혀도 사람이 깨어 있을 때는 무의식적으로 움직인다고 한다. 의식적으로 멈출 수는 있지만 그것이 오히려 힘이 든다. 사람은 그만큼 미각적 욕구가 강하다는 반증일 것이다.

혀에는 오돌토돌한 돌기가 있는데 이것을 유두라고 한다. 유두에는 미뢰라는 맛을 느끼는 세포가 있어 우리가 음식을 먹을 때 혀가 먼저 맛을 알게 된다. 보통 사람들은 여러 가지 맛을 느낄 수 있으나 단맛, 쓴맛, 짠맛, 신맛의 네 가지 맛이 기본이다. 단맛은 혀끝에서 느끼고 쓴맛은 혀 안쪽, 신맛은 혀 양끝에서 그리고 짠맛은 혀 전체에서 느끼는데 아이스크림 같은 것을 혀끝으로 핥아 먹는 것은 단맛을 좀 더 느끼려는 본능의 행동인 셈이다.

사람은 맛있는 것을 먹는 즐거움을 쉽게 버리지 못한다. 그러다 보니 비만도 생기고 여러 가지 병의 원인이 되기도 하지만 미각을 절제하는 것은 참으로 어려운 일이다. 미각을 자극하는 것은 그래서 사람들에게 관심을 받는 중요한 수단이 된다. 요즘 TV를 보면 소위 먹방 프로그램이 인기를 끌고 있다. 맛집을 소개하고 요리법을 알려 주고 요리와 건강의 관계를 일러 주는 프로그램이 엄청 늘어났고 시청자들은 재미있게 보고 있다. TV에 소개된 맛집을 자세하게 알려 주는 사이트 역시 인기를 끌고 있다. 이런 프로나 사이트가 인기를 끄는 이유는 미각적 자극, 다시 말해 맛있는 걸 먹고 싶은 욕구가 강하기 때문이다. 그만큼 미각의 중요성이 인식되어 있다.

맛에 대한 사람들의 욕구가 강하기에 미각이 아닌 다른 곳에서도 미각적 표현을 즐겨 쓴다. 맛있는 글, 맛있는 시간 등의 표현이 어색하지 않다. 그렇기 때문에 이것은 맛과 멋의 어원이 같기 때문이라는 주장이 공감을 얻는다. 수필가 피천득 선생의 글 중 '맛과 멋'에 이런 글이 나온다.

맛은 감각적이요, 멋은 정서적이다. 맛은 적극적이요, 멋은 은근하다. 맛은 생리를 필요로 하고, 멋은 교양을 필요로 한다. 맛은 정확성에 있고, 멋은 파격에 있다. 맛은 그때뿐이요, 멋은 여운이 있다. 맛은 얕고, 멋은 깊다. 맛은 현실적이요, 멋은 이상적이다. 정욕 생활은 맛이요, 플라토닉 사랑은 멋이다. 그러나 맛과 멋은 반대어는 아니다. 사실 그 어원은 같을지도 모른다. 맛있는 것의 반대는 맛없는 것이고, 멋있는 것의 반대는 멋없는 것이지 멋과 맛이 반대되는 것은 아니다. 맛과 멋은 리얼과 낭만과 같이 아름다운 조화를 이루는 것이다. 그러나 맛만 있으면 그만인 사람도 있고, 맛이 없더라도 멋만 있으면 사는 사람이 있다. 맛은 몸소 체험을 해야 하지만, 멋은 바라보기만 해도 된다.

미각을 자극하기 위해서 새겨들을 가치가 있는 글이다. 우리나라에서도 인기를 끌었던 드라마 〈대장금〉은 한류 열풍을 타고 중국 등지에서도 인기를 끌었다. 대장금은 말하자면 한국의 미각을 세계에 알리는 하나의 계기가 된 셈이다. 드라마 전개의 재미와 함께 한국요리를 같이 소개하고 있어 우리의 맛이 세계인의 입을 자극하고 있다. 김치를 보라. 그 미각에 사로잡힌 세계인들은 김치를 너무 좋아한다고 한다. 어디 김치뿐이겠는가. 고추장이나 된장 혹은 우리 고유의 음식 맛이 세계의 맛이 될 날이 올 것이다.

미각을 자극하기 위해 색채를 이용하기도 한다. 식품포장재는 주로 주황색이 많은데 주황색은 가장 신선한 느낌을 주고 미각을 자극하는 색깔이다. 그리고 앞 장에서 말한 대로 청각적 자극으로 미각을 자극할 수도 있다. 그러나 미각을 자극하는 방법은 여러 가지가 있지만 직접 맛을 보게 하는 것이 최고다. 마트에 가면 시식 코너가 많다.

주로 신제품을 홍보하거나 이벤트로 시식을 하게 하는데 시식을 통해 구매로 연결되는 경우가 많다. 나 역시 시식 코너에서 맛을 보고 그 제품을 구입하는 경우가 많다. 얼마 전에는 전라도 갓김치 맛을 보고는 그 오묘한 맛에 이끌려 듬뿍 산 적이 있다.

그리고 미각을 자극하기 위해서는 새로운 맛을 창조해 내는 것이 무엇보다 중요하다. 또 기존의 상식적인 맛의 표현에서 벗어나 새로운 맛의 표현을 찾아야 한다. 그리고 같은 맛이라 할지라도 그 깊이를 달리하면 새로운 아이디어가 된다. 흔히 깊은 맛이 난다라고 하는 사람들의 평가를 무시하지 마라. 같은 음식이라도 맛은 다 다르기 마련이다. 그러므로 맛을 세밀하게 분석하여 연구하라. 그러면 보통 때는 무관심하던 맛에 대한 감각을 새롭게 자극할 수 있다. 사람의 두뇌는 한 번 맛본 것을 오래 기억한다. 특히 주부들이나 여성들을 상대로 한다면 미각을 자극하는 아이디어를 찾는 것이 좋다.

미식가 클럽이 의외로 많다는 사실도 잊지 마라. 인터넷에서 미식가 클럽에 가입하여 다양한 맛의 여행을 떠나는 것을 시도하라. 나는 여행을 다니면서 카메라와 노트를 가지고 새로운 맛집을 찾아내기도 한다. 사진으로 찍는 것은 물론이고 주인에게 재료의 출처나 보관 방법 등은 물론이고 요리법이나 양념의 재료와 양념하는 순서 등을 꼼꼼하게 적어 둔다. 지금까지와는 전혀 다른 맛의 발견, 그것은 대단한 감동이다.

21. 촉각에 호소하라

한국타이어의 광고. 눈길, 빗길에서도 잘 미끄러지지 않는다는 점을
강조하기 위해 수많은 남자들이 갈고리를 들고 있는 모습을 보여 준
다. 촉각에 호소한 아이디어다.

아기들은 특히 색다른 것이 있으면 손으로 만져보고 싶어 한다.
촉각 공은 아기들의 촉각 발달에 도움을 주는 장난감이다.
아기뿐 아니라 우리는 누구나 촉각 욕구가 있다.
그 촉각 욕구를 자극하라.

우리의 오감 중 가장 퇴화한 것이 촉각이라고 한다. 원시의 상태
에서는 촉각이 상당히 중요한 역할을 했지만 문명이 발달하면서 촉

각의 필요성이 점점 줄어들었기 때문일 것이다. 동물들은 여전히 촉각을 많이 활용한다. 나비의 더듬이 같은 기관은 촉각으로 사물을 인지하는 것이다. 그래도 우리의 촉각은 퇴화에도 불구하고 일상생활에 별다른 불편함은 못 느끼고 있다. 다른 감각으로 해결할 수 있기 때문이다.

우리는 언제부터 촉각을 느끼게 될까? 보통 태교를 할 때 좋은 음악을 듣거나 좋은 책이나 그림을 본다. 좋은 생각을 하는 것도 아주 중요하다고 한다. 그러나 촉각을 통한 태교도 무시해서는 안 된다. 뱃속의 아기는 임신 7주부터 탯줄을 살짝 건드려도 반응을 보인다고 한다. 14주가 되면 온몸으로 반응을 보인다고 하니 부드러운 촉각을 통해 아기와 교감할 수 있는 것이다. 아기는 태어나자마자 엄마 뱃속과는 전혀 다른 것을 경험하게 되는데 외부의 공기와 엄마의 몸과 손 등에 민감하게 반응한다. 그러므로 태어나자마자 엄마의 따스한 촉감을 전하는 것이 중요하다. 아기의 촉각을 여러 가지 방법으로 자극하면 두뇌와 정서발달에 도움이 되는 '베타 엔돌핀'의 분비가 촉진된다고 하니 촉각은 대단한 역할을 하는 셈이다. 신생아에게는 촉각이 가장 발달된 특수감각인데 입술이나 혀, 이마 등에서 이런 감각의 반응이 잘 나타난다고 한다.

촉각 공은 두 손을 이용해 굴려 보고, 만져 보고, 흔들어 보는 다양한 놀이를 해 보면서 아기의 인지발달과 운동기능을 발달시키는 장난감이다. 보통 교육이라면 시각과 청각이 일반적이지만 아기들에게는 다른 감각의 이용이 어려운 만큼 촉각을 통해 인지발달을 꾀하는 것이다. 아이들에게는 또 찰흙이 도움이 된다고 한다. 찰흙은 부드럽고 촉촉하며 떡처럼 찰진 촉감을 가지고 있어 이를 만지고 주무르다 보면 억압된 감정이 밖으로 발산된다고 한다. 마음속에 있는 적대감이나 억제된 감정들을 해소할 수 있으므로 유아들에게 찰흙놀이는 유용한 방법으로써 이용된다.

아이들뿐만 아니라 우리는 모두 촉각을 느끼려고 노력한다. 뭔가 색다른 것이 있으면 손으로 만져 보고 싶어 한다. 뜨겁고 차가운 것을 손으로 확인하려 한다. 사랑하는 가족이나 연인을 만져 보고 싶어 하고 입술의 촉감을 느껴보고자 한다. 키스는 그래서 사랑의 표현인 것이다. 이런 욕구를 충족시켜 주기 위해 촉각 상품이 많이 개발되고 있고 선진국에서 인기를 끌고 있다. 가전제품, 사무용기기, 신변잡화 등 모든 분야에서 촉감에 호소하는 상품을 선보이고 있는데 세계적인 브랜드인 샤넬은 거칠게 만든 모직이나 매끄러운 가죽으로 만든 핸드백을 선보이기도 하고 형광고무로 된 팔찌도 내놓았다. 샤넬의 이런 시도는 하나의 신선한 충격으로 받아들여지고 있다. 향수 메이커로 유명한 헤르메스도 향수 브랜드인 로카바에 헤르메스의 상징인 밤색 천 싸개로 병을 둘러싸 만져 보고 싶은 충동을 주는 독특한 포장을 선보여 전 세계적으로 수십만 개의 상품을 판매한 실적을 올린 적이 있다. 덴마크의 리브라톤은 블루투스 스피커를 다양한 색상의 울로 된 케이스에 담아 촉각 욕구를 자극한다. 촉각으로 소리의 따스함을 느낄 수 있다.

촉각 상품은 패션 의류에서도 많이 나타나는데 실제는 매우 부드러운 섬유지만 겉으로 보기에는 매우 거친 표면을 가진 원단을 만들어 이를 의류에 이용하고 있다. 시각적 아이디어로 촉각을 자극한 것이다. 또 과거에는 건축 자재나 모자를 만드는 원단이었던 부직포로 가방, 신발 등을 만들기도 하는데 이 역시 촉각을 자극하기 위한 시도이다.

곰 인형은 보통 부드러운 감촉을 갖고 있는데 곰 인형이 바삭바삭거린다면 어떨까? 파이널 홈이라는 회사는 낙하산 천을 활용하여 사탕 포장지처럼 바삭거리는 곰 인형을 내놓았는데 대단한 인기를 끌었다. 잘 알려진 브랜드인 애플사의 매킨토시는 전체적으로 둥글둥글한 디자인에 부드러운 고무 등을 활용하여 디자이너의 촉각을 존중한 제품으로 유명하다. 인간이 가진 촉각 욕구를 활용한 광고도 많다.

우리 몸도 촉각 그 자체를 원하는 경우가 많다. 남자들의 미용실로 히트한 블루클럽에 가면 비교적 적은 비용으로 머리 마사지를 해주고 있다. 두피를 자극하고 피부를 보호해 주는 샴푸를 발라 이리저리 문질러 주는데 여간 시원하고 상쾌한 것이 아니다. 이제는 남자들도 머리에 신경을 많이 쓰고 30대 이후는 탈모 등에 신경을 쓰고 있어 이런 서비스는 앞으로 더 확대될 것으로 판단된다. 촉각 서비스는 유망한 미래사업인 셈이다. 하기야 평소에 머리를 빗을 때 브러시로 마사지를 해도 시원하고 두피를 자극하는 효과를 거둘 수 있다.

그러면 왜 촉각 상품이 사람들에게 호감을 얻을까? 인간에게는 원래 촉각에 대한 강한 욕구가 있다. 그 촉각은 극히 개인적이고 비밀스러운 것으로만 여겼는데 이제는 여러 가지 상품으로 개발되어 촉각에 대한 욕구를 만족시켜 주고 있다. 프랑스 페클레르 디자인 센터인의 프랑수아즈 세랄타 씨가 '촉각 상품은 청교도식의 단정한 품행과 과장된 현실 세계에 대한 반발이며 어린 시절에 대한 회상을 불러일으킨다.'고 했듯이 부드러운 느낌의 인형은 어릴 적 어머니의 가슴을 연상하게 해 준다.

자, 내가 진행하는 일을 촉각과 연결하면 어떻게 될까? 내가 기획하는 프로젝트에 촉각을 적극 도입하면 어떤 아이디어로 발전할까? 기획서를 쓰는 종이를 촉각이 좋은 걸로 하면 내용이 더 좋아 보일까? 이렇게 주변의 모든 것의 촉각을 도입하고 기존의 촉각을 달리해 보라. 촉각은 곧 새로운 사업이며 돈이라는 걸 잊지 마라.

22. 후각에 호소하라

샤넬 넘버 5. 전 세계에서 수많은 여성의 후각을 자극하였고, 지금도 그 이름을 날리고 있다. 향수의 대표적인 이름의 하나가 되었다.

은행 안에 잘 볶은 커피를 놓아 두었더니 무슨 일이 일어났을까?

나이트클럽 입구에서 페로몬 향수를 뿌리는 이유는 뭘까?

샤넬 넘버 5는 코코 샤넬이 러시아 조향사에게 의뢰하여 만든 시제품 중 5번째 제품을 선택하여 넘버5라는 브랜드가 생겼다고 한다. 83가지 재료로 만든 이 향수는 1921년에 처음 발매되었는데 지금까지도 인기를 얻고 있다. 처음으로 향수에 알데하이드를 첨가하여 향기가 지속되도록 했다고 한다.

전에는 손님이 오면 주로 고체를 대접했다. 과자나 떡 등 입에 넣고 씹는 즐거움을 주는 것이었다. 이제는 주로 액체로 대접을 한다. 즉 차나 음료수가 접대나 대화의 장에 매개로 등장한 것은 꽤 오래되었다. 지금은 액체 시대다. 그러므로 우리의 하루 생활은 액체와 많이 만난다. 아침에도 밥 대신 우유나 주스 같은 걸 마시고 출근하여서는 커피 마시고, 점심 후 혹은 오후 회의에도 차를 마신다. 온종일 엄청 마시게 되었다. 그러다 보니 액체 시장이 엄청 커졌다. 슈퍼에 가보라. 얼마나 많은 음료수가 있는가. 전에는 오렌지주스가 대표적이었지만 이제는 오렌지주스도 별의별 것이 다 나오고 온갖 종류의 음료수가 개발되어 팔리고 있다. 생수는 또 얼마나 많은가! 요즘은 마치 액체의 전쟁을 보는 것 같은 시대다.

액체 다음엔 뭐가 올까? 당연히 기체다. 앞으로는 기체 시장이 점점 커갈 것이다. 사실 이미 기체제품과 욕구가 형성되어 많은 시장이 확보되어 있는 편이다. 종류가 워낙 다양해진 향수는 전통적인 기체제품이고 자동차의 공기청정 기능, 에어컨의 공기청정 기능은 상식이 되었다. 가게에도 기체 서비스를 도입하여 손님들의 구매의욕을 북돋우고 있다.

소위 후각 마케팅이라는 것은 아직 생소하지만 세계 곳곳에서 이를 시도하고 있고 성공을 거두고 있다. 북유럽의 어떤 슈퍼마켓들은 근처에 있는 빵집과 몇 백 미터나 되는 파이프라인을 연결하고 있는데 빵 굽는 냄새를 슈퍼마켓으로 끌어 오기 위해서라고 한다. 슈퍼마켓 근처를 지나가는 사람들은 갓 구운 빵 냄새에 이끌려 마켓 안으로 들어오게 된다는 것이다. 또 영국의 어떤 은행은 잘 볶은 커피를 각 지점마다 보급해 주고 있다. 은행을 찾은 고객들에게 생생한 커피향으로 편안함을 주려는 목적이었는데 다른 은행에서는 찾아볼 수 없는 차별적 서비스로 브랜드 이미지에 큰 성공을 거두고 있다고 한다. 또 어떤 극장에서는 입구에서 팝콘향을 뿌렸더니 극장 손님이 엄청 늘어났다는 이야기도 있다.

화장품을 파는 가게에서는 새로운 제품을 런칭할 때 그 향을 집중적으로 뿌려 향수를 홍보하는 것은 하나의 상식이 되었다. 그 향수에 대한 관심 유발과 판매 증대는 물론 가게 안을 향기로운 분위기로 만드는 데도 도움이 되는 전략이다. 신촌의 어느 막창집에서는 나가는 손님들에게 페브리즈를 뿌려 준다. 옷의 냄새를 없애 준다는 페브리즈는 기체 상품이다. 광고에서도 페브리즈로 인해 상쾌한 하루가 된다는 주장을 담고 있는데 공감이 가는 아이디어다.

런던의 한 나이트클럽은 클럽 내부와 입구에 페로몬 향수를 뿌렸더니 손님이 크게 늘었다고 한다. 페로몬은 남녀의 성욕을 자극하는 향수이다. 나이트클럽에 들어가려는 사람들은 일단 성적인 호기심을 가지고 있으므로 이런 시도는 당연히 효과를 거두기 마련이다. 호주 멜버른의 프로리진은 특별한 향기가 없는 꽃에 여러 가지 향기를 불어넣어 주는 아이디어로 히트했다. 이를테면 레몬향이 나는 카네이션은 일반 꽃보다 갑절이나 비싸지만 판매량이 두 배나 늘어났다고 한다. 만약 식품 매장이라면 어떤 향기를 뿌리면 효과가 좋을까? 식품 매장은 강렬한 향기를 뿌리면 오히려 역효과일 것이다. 은은하고 신선한 풀냄새나 과일향이 도움이 될 것이다. 또 패션 매장이라면 어떤 음악이 좋으냐와 함께 어떤 향기가 좋으냐 하는 것도 고려해야 할 일이다. 음악과 향기가 절묘하게 어울린다면 매출도 오를 것이 틀림없다.

이처럼 기체와 향기가 점점 인식되고 상품화되면 커피나 차 같은 액체를 마시는 카페가 아니라 기체를 맡는 카페가 등장할 것이다. 앞으로는 데이트할 때 '차나 한잔'이 아니고 '우리 맡으러 갈까?'가 될 수 있다. 연인이 향기 카페에 들어서면 메뉴에는 장미향, 백합향, 코스모스향 혹은 알프스 공기, 백두산 공기 등이 있을 것이다. 그러면 여자는 아카시아향 50cc를 주문할 것이고 남자는 알프스 공기 100cc를 즐기는 날이 오지 말라는 법이 없다.

향기는 또 치료 효과가 있다. 소위 아로마 테라피라는 것이 널리 알려지면서 향기의 중요성이 일반인들에게도 인식되었다. 아로마 테라피를 일반 가게에 도입하여 고객들이 좀 더 편안한 마음으로 가게에 오래 머물 수 있고 구매를 증대시키는 방법이 곳곳에서 시도되고 있다. 사람은 어떤 향기를 맡으면 과거의 향기나 냄새를 기억하면서 그 향기와 관련된 것을 연상하게 된다. 어릴 적의 물건, 사람, 어떤 상황, 장소 등에 대한 연상이 후각으로 인해 일어나는 것이다. 또는 예전에 경험한 향기는 우리를 침착하게 하거나 또는 활력을 주기도 하고 배를 고프게 할 수도 있고 졸리게도 한다. 우리의 마음을 고통이나 억압 혹은 좌절로부터 벗어나게 한다면 그것이 향기 치료인 셈이다.

물론 향기는 단순히 우리가 흡입하기만 해도 여러 가지 생리적 반응이 일어난다고 한다. 면역기능이 활성화되기도 하고 소화기능이 활발해지기도 한다. 우리가 잘 아는 라벤더나 카밀러 같은 향은 두려움이나 스트레스, 불면증세로부터 벗어나게 해 주며 로즈마리나 주니퍼 베리 같은 것은 피로감을 없애 주고 기억력을 좋게 해 준다고 하니 수험생이나 직장인에게 좋은 향이 된다. 또 그레이프 푸르트는 천연의 진통제로 심리적 우울감을 없애 준다고 한다. 향기의 종류와 그 특성, 혹은 아로마 테라피에 대해 소상히 알아두면 후각적으로 생각하는 것에 큰 도움을 줄 것이다.

후각이라고 하면 흔히 동물적인 것으로만 생각하기 쉽지만 후각은 동물에게만 강렬한 것이 아니다. 인간에게도 후각은 아주 중요한 포인트다. 어쩌면 인간은 후각 동물인지도 모르니까. 남들이 시각 혹은 청각만을 자극할 때 후각을 자극해 보라. 그러면 경쟁자나 경쟁사와 비교해 차별적인 전략이 나올 것이다.

23. 거리를 넓혀라

우리는 거리에 대한 다양한 경험과 감각을 가지고 있다.
그리고 거리에서 감정의 변화를 느낀다.

가슴이 커져서 앞사람과의 거리를 두어야 한다는 브래지어 광고. 거리에 대한 과장을 통해 제품의 특징을 강조하고 있다.

거리란, 일반적으로 두 점을 연결한 직선의 길이를 말한다. 우리의 두 눈이 있기에 거리 감각이 생긴다. 한 눈으로는 정확한 거리를 알기 어렵다. 한 눈을 감고 앞에 있는 물체의 끝을 손가락으로 정확하게 찍어 보라. 생각보다 쉽지 않을 것이다. 거리감각은 입체적이라는 증거가 여기서 발견된다. 거리가 멀다 혹은 거리가 가깝다고 하는 것은 일반적으로 객관적인 미터 단위를 기준으로 하여 판단을 내리는 것을 말한다. 우리의 상식적인 길이의 단위는 1m이며, 이 길이는 원래 지구의 크기에서 유래한 것이다. 지구의 둘레의 1/40000을 1km

로 정했고 1km의 1/1000을 1m로 정한 것이다. 1m의 길이를 가지는 특수금속의 자를 미터원기라 하는데 현재 파리에 보관되어 있다.

그러나 거리라는 것은 주관적인 판단이 더 큰 의미를 갖는다. 박목월의 시 〈나그네〉에 나오는 '남도 삼백 리'는 원래 '남도 팔백 리'였다고 한다. 시적 언어감각이 삼백 리가 나아 그걸로 고쳤다고 한다. 말하자면 오백 리가 사라져 버린 셈이다.

시골에 가서 다음 마을과의 거리를 물으면 흔히 금방이라고 대답하는 것을 들을 수 있다. 그러나 그걸 곧이곧대로 믿으면 안 된다. 금방이라는 그 거리는 사람에 따라 천 미터일 수도 있고 두 시간 거리일 수도 있기 때문이다. 하기야 거리뿐만 아니라 시간, 공간 등 모든 것은 주관적이다.

현대 마케팅에서는 거리에 대한 관심이 크다. 객관적인 거리는 물론 심리적인 거리에 대해서도 관심을 가져야 한다. 무엇보다 거리를 넓혀 주는 것을 많이 활용하고 있는데 예를 들어 그동안 항공기 좌석의 이코노미석은 좁고 거리도 짧지만 일등석은 넓고 편안하다. 거리가 길어 다리를 죽 펴고 누울 수 있다. 일등석 승객의 욕구를 더 충족시키기 위해 항공사마다 좌석의 거리를 늘이고 있다. 완전히 누워 마치 호텔방처럼 안락하게 만든 일등석도 많다. 고속버스도 우등버스를 타보면 상당히 편하다는 걸 느낄 수 있다. 거리를 늘여주면 편리함을 추구하는 소비자가 관심을 가진다.

요즘 아파트의 발코니를 확장할 수 있도록 법이 변경되는 바람에 건설사들의 평면 경쟁이 가열되면서 발코니가 거의 없는 아파트가 쏟아질 가능성도 높아졌다. 30평 기준으로 10평 정도 늘일 수 있다고 하니 그만큼 더 넓은 공간에서 살 수 있게 되었다. 신규 분양 아파트에서는 거실을 아예 발코니 부분까지 넓힌 아파트가 인기를 끌고 있다. 또 건설 관계자는 확장되는 공간을 거실뿐만 아니라 건강룸이나 티룸 등 특화공간으로도 사용할 수 있도록 다양한 상품을 개발할 계획이라고 말한다. 아파트의 거리 넓히기, 공간 넓히기가 시작된 것이다.

경쟁사 간의 제품경쟁에서 내 제품이 1위라면 2위나 3위와의 거리를 더욱 넓히기 위해 현재의 1위 제품만 고집하는 것이 아니라 또 다른 제품을 만들어 자신의 1위 제품 성능을 압도해 버리는 전략을 구사하기도 한다. 일반적으로 내 제품의 시장 점유율이 가장 높을 경우 이를 지키고 싶은 게 인지상정이다. 그러나 이를 지키려다 보면 경쟁자에게 공격의 실마리를 만들어 주게 되고 우세한 시장 지위를 뺏길 수도 있다.

이때 새로운 나의 제품이 기존의 나의 제품 성능을 추월한다면 나의 시장 점유율은 유지 혹은 증가를 하게 되고 경쟁자와의 경쟁거리는 더욱 넓어지게 된다. 즉 더 강력한 브랜드 파워를 가지게 되는데 이런 전략을 Hyper Competition, 즉 초경쟁이라 하는데 1위의 브랜드라면 시도해 볼 일이다.

휴대폰이 출시된 초기에 모토로라를 따돌린 삼성 애니콜의 전략이 바로 초경쟁이었다. 90년대 초반까지만 해도 애니콜은 모토로라의 아성을 깨지 못하고 전전긍긍하다가 애니콜은 한국 지형에 강하다는 콘셉트를 가지고 작은 휴대폰 시장으로 진입했다. 바 타입의 애니콜은 초반 대히트를 했지만 애니콜은 바 타입의 휴대폰에 만족하지 않고 플립 형태의 휴대폰을 바로 출시했다. 바 타입이 성공하고 있는 와중에 플립형을 선보인 것이다. 이것이 초경쟁의 대표적 사례이다. 그 다음으로 애니콜은 다시 폴더 타입을 내놓는 등 초경쟁을 계속하였고 2위와의 거리는 점점 넓어졌다.

아이들이 TV를 너무 까까이 보는 것을 방지하기 위한 TV 접근 금지 센서라는 것이 있다. 이것은 일정한 거리를 유지해야만 TV가 켜지기 때문에 아이들이 적절한 거리를 유지할 수 있도록 한 제품이다. 스카이 방송에서 전원을 켜면 비밀번호를 입력하게 되어 있다. 물리적인 효과도 있지만 아이들에게는 일종의 심리적 거리다.

우리는 거리에 대한 다양한 경험과 감각을 가지고 있다. 그리고 거리에서 감정의 변화를 느낀다. 사랑하는 사람과의 가까운 거리는 행복을 주지만 거리가 멀어지면 불안하고 슬픔을 느끼게 된다. 두 번 다시 볼 수 없는 거리를 만드는 것은 죽음이다. 두 번 다시 볼 수 없기에 오히려 죽음이라는 거리를 쉽게 수용할 수도 있다. 거리는 주관적이다.

사랑하는 사람이나 가족의 죽음은 얼마나 힘든 일인가? 그러나 어려움과 힘든 일도 마음에 따라 거리를 다르게 할 수 있고, 거리를 두면 괴로움의 크기도 달라질 수 있다. 괴로움으로부터 거리를 두는 방법으로 여러 가지가 있지만 어려운 일의 가장자리로 벗어나 그 일로부터 거리를 두면 괴로움을 빨리 이겨낼 수 있다. '가장자리거리 개념'이라고 한다.

상갓집에 가서 친구들이 호상이라고 하면서 웃고 떠들기도 한다. 술을 마시고 고스톱을 치면서 시끌시끌한 분위기를 만들기도 한다. 이런 분위기는 상주를 슬픔이라는 것과의 거리를 넓히게 하는 효과가 있다. 어느 나라에서는 장례식에서 좋은 나라로 갔다고 즐거워하고 파티를 연다고 하는데, 이런 것은 고차원의 장례문화라고 할 만하다. 어떤 이는 죽을 때 자기가 죽으면 친구들을 모아놓고 파티를 열라고 유언한 영화가 있었는데 상당히 공감이 가는 부분이다.

부부가 등을 돌리면 그 거리는 천리만리라고 한다. 그러나 사랑하는 사람과도 적당한 거리가 있는 것이 도움이 될 때가 많다. 심리적 거리가 우리에게 주는 효과를 잘 생각하라. 그러면 삶이 더 즐거울 것이다.

24. 거리를 좁혀라

스마트폰 업체인 노키아는 사람과의 거리를 좁혀 준다는 콘셉트로
파리와 리우데자네이루에 떨어져 있는 남녀의 뺨을 붙여놓았다. 통신
광고의 핵심을 보여 준다.

일본의 신주쿠에서 하코네로 가는 '로망스 카'는 좌석을 연인끼리 다정하게 앉아갈 수 있도록 설계했다. 말 그대로 로망스다.

미국의 치약 브랜드 중 '클로즈업'이란 것이 있다. 말 그대로 하면 가까이할 수 있는 효과를 가진 치약이다. 사실 치약은 어느 제품이나 프라그를 제거하는 기능이 있고 미백 효과나 구취제거 효과가 있기는 다 마찬가지다. 중요한 것은 많은 기능 중 자기 브랜드를 어떤 기능으로 포지셔닝할 것인가가 문제다. 그게 소비자들에게 먹히면 성공하는 것이다. 치약의 기능 중 프라그를 제거하는 것에 중점을 둔 것이 안티프라그란 것이고 미백 효과를 강조한 것이 화이트이다. 클로즈업은 입 냄새를 향긋하게 하여 연인끼리 더 가까이 할 수 있다는 점을 브랜드로 내세워 젊은 층에게 인기를 얻었다. 가까이 더 가까이 하고 싶은 욕구를 자극한 것이다. 거리를 좁히고 싶은 욕구를 강조한 브랜드이다.

사람의 심리에는 거리를 넓히는 것이 좋은 경우도 있고 오히려 좁혀야 관심을 받는 것들이 많다. 가까이 하고 싶어 하는 욕구를 자극해야만 하는 제품이나 서비스는 되도록 거리를 좁혀 주어야 한다. 그것이 실제 거리든 심리적인 거리든. 당신은 어떤 경우에 거리를 좁히고 싶은가?

일본 신주쿠에서 하코네 온천까지 가는 오다큐의 로망스 카. 이름부터 가슴 설레게 하는 이 특급열차 로망스 카는 도쿄에서 1시간반 만에 하코네에 데려다 준다. 하코네는 워낙 유명한 온천 지대이고 활화산의 모습을 볼 수 있는 곳이라서 많은 관광객이 찾아오는 곳이다. 나도 그곳을 몇 번 가봤는데 산 위로 연기가 나고 유황냄새가 자욱한 곳이다. 펄펄 끓는 유황에 달걀을 삶아 먹으면 3년은 더 산다는 이야기가 있어 특히 한국 사람들이 그 달걀을 많이 사먹는다고 한다.

신주쿠 역에서 출발하는 로망스 카는 빠르기도 하지만 실내의 좌석을 연인끼리 다정하게 앉아갈 수 있도록 설계해 놓았다. 말 그대로 로맨틱한 분위기를 만들어 내는 열차이다. 즉 연인의 거리를 좁혀주어 로맨스를 일으키게 하는 열차다. 그러다 보니 하코네로 여행하는 사람들에게 상당히 인기를 끌고 있다. 열차 내에서 파는 것도 초콜릿 등 로맨틱한 분위기를 더 고양시켜 주는 것들이다. 프랑스의 테제베나 독일의 이체, 일본의 신칸센처럼 우리나라도 고속열차 시대가 열린 지 오래 되었다. KTX와 SRT는 엄청난 속도로 여행객을 빠르게 데려다 주는데 지방과의 거리를 좁혀놓은 결과를 창출했다. 천안은 30분, 대전까지도 1시간이면 가니 대단한 변화를 우리는 누리고 있는 것이다. 실질적인 거리 못지않게 심리적으로 거리가 좁혀졌다는 사실은 우리의 생활과 경제, 사회에 큰 영향을 주는 것이다.

전화 등 통신수단은 사람과 사람 사이의 거리를 좁혀 주고 있다. 비록 몸은 멀리 떨어져 있어도 생생한 목소리와 영상으로 마치 바로 곁에 있는 것처럼 거리를 좁혀 주는 것이다. 국가 간에 연결하는 국제전화도 첨단기능을 가지고 있어 어디라도 선명한 통화를 할 수 있는 시대가 되었다. 국제전화는 마음의 거리를 좁혀 주는 첨단 서비스인 것이다. 따라서 멀리 떨어져 있어도 전화를 통해 옆에 있는 듯한 느낌을 강조하는 것이 국제전화의 마케팅에서 아주 중요한 것이다.

휴대폰에서도 거리를 좁히는 것이 차세대 서비스로서 중요한 포인트가 되고 있다. SK텔레콤이 선보였던 1mm 서비스는 휴대전화기와 사용자 간의 거리를 좁혀 준다는 의미에서 붙인 이름이다. 이걸 개발한 사람은 신세대의 마음을 잘 알고 거기에 자신의 능력을 접목시켜 이런 서비스를 만들었을 것이다.

인터넷의 발달은 지구촌을 한 가족으로 만들고 있다. 이제 온라인에서의 거리 의미는 사라지고 있다. 어디서든 인터넷을 접속하면 그것이 곧 현장이 되니 거리라는 것은 무의미한 것이 되고 말았다. 사용자가 장소에 상관없이 자유롭게 네트워크에 접속할 수 있는 정보통신 환경을 유비쿼터스Ubiquitous라고 한다. 유비쿼터스는 물이나 공기처럼 시공을 초월해 언제 어디에나 존재한다는 의미의 라틴어인데 우리는 이제 유비쿼터스의 시대를 살고 있는 것이다. 유비쿼터스는 컴퓨터에 어떤 기능을 추가하는 것이 아니라 우리 주변의 제품, 즉 냉장고나 TV, 자동차 같은 것에 컴퓨터를 집어넣어 사람과의 다양한 커뮤니케이션이 가능하도록 한 것이다. 우리의 생활은 유비쿼터스로 인해 어떤 사물이나 제품과 거리를 좁힐 수 있다. 머나먼 곳에서도 집안의 냉장고를 컨트롤할 수 있게 된 것이다. 온라인뿐만 아니라 이제 오프라인에서도 거리를 좁혀 주는 아이디어가 나온다면 대단한 성공을 거둘 수 있다.

눈이 나쁜 사람은 안경을 쓴다. 그러나 콘택트렌즈의 개발로 인해 눈과 안경의 거리는 아주 가까워졌다. 콘택트렌즈는 1508년 레오나르도 다 빈치가 처음으로 생각해 내었는데 안경으로 교정이 불가능한 부정난시와 같은 각막의 불균형을 물이 담긴 용기에 눈을 넣음으로써 교정할 수 있을 것이라는 추측에서 시작된 것이다. 그 후 1600년 경 처음 실용화된 콘택트렌즈는 조악했다. 재질이 유리인데다가 렌즈가 눈 전체를 덮어 여러 가지 부작용을 초래했지만 플라스틱 공업이 발달한 1940년경에 이르러 플라스틱을 이용한 오늘날과 같은 형태의 콘택트렌즈가 만들어지게 되었다. 콘택트렌즈는 안경과 눈 사이의 거리를 좁혀 렌즈를 각막에 접착한 것으로 안경으로 인한 불편을 줄이고 미적인 아름다움까지 생각한 제품도 개발되어 인간생활의 질을 높여 주고 있다.

카메라로 작은 꽃을 찍으려면 접사 렌즈를 사용한다. 렌즈가 없어도 요즘의 디지털 카메라에는 피사체에 가까이 다가가 크게 찍을 수 있는 접사 기능이 있다. 접사 기능을 사용하게 되면 피사체를 더욱 자세히 볼 수 있을 뿐만 아니라 그냥 지나치기 쉬운 꽃이나 곤충, 작은 소품들을 정확하게 나타낼 수 있고 그 의미를 사진으로 표현할 수도 있게 되었다. 거리를 좁혀 보라. 무엇이든지 좋다. 거리를 좁히면 그 자체가 새로운 아이디어다.

25. 사랑하라

사랑은 식어도 보석을 탐하는 여인의 심리를 표현한 티파니 보석가게의 광고는 씁쓸한 미소를 짓게 한다.

인간이 가진 가장 중요한 감정은 사랑일 것이다.
사랑이 들어가면 모든 것의 가치가 달라진다.

한 봉지의 빵도 사랑이 담겨 있으면 가치가 달라지고, 한 컵의 우유에도 사랑이 깃들면 의미가 달라진다. 이미 품질이 인정된 제품에 사랑이라는 콘셉트를 담아 마케팅을 펼치는 이유는 바로 이 때문이다. 우유나 가전제품 혹은 건강식품 광고를 보면 사랑이라는 단어를 즐겨 사용한다. 사랑이라는 말 이외에 더 무엇이 필요할까? 사랑이라는 말에 모든 것을 담고 있다.

사랑의 테마는 모든 예술에서 나타난다. 영원불멸의 주제다. 아담과 이브의 사랑 이야기가 금단의 열매를 따먹는 데서 출발한 걸 보면 성경 이야기도 사랑으로 시작된다. 기독교 정신의 핵심은 사랑이다. 불교의 자비 또한 사랑의 다른 표현이다. 성경의 가장 유명한 구절인 고린도 전서 13장 13절은 사랑을 다루었기 때문에 인구에 회자되는 것이다.

사랑은 오래 참고 사랑은 온유하며 투기하는 자가 되지
아니하며 사랑은 자랑하지 아니하며 교만하지 아니하며
무례히 행치 아니하며 자기의 유익을 구치 아니하며 성내지
아니하며 악한 것을 생각지 아니하며
불의를 기뻐하지 아니하며 진리와 함께 기뻐하고

모든 것을 참으며 모든 것을 믿으며 모든 것을 바라며 모든 것을 견디느니라.

또 존 레논이 부른 러브라는 노래도 사랑의 의미를 담은 유명한 곡이다. 가사의 앞부분은 이렇다.

Love is real Real is love
Love is feeling Feeling love
Love is wanting To be loved
Love is touch Touch is love
Love is reaching Reaching love
Love is asking To be loved
Love is you You and me
Love is knowing We can be
Love is free Free is love
Love is living Living love
Love is needing To be loved

여기서 보면 사랑은 Real이고 또 Feeling, Wanting, Touch, Reaching, Asking 등으로 표현되어 있다. 그러나 이것만으로 사랑을 다 표현할 수 있을까? 도대체 사랑은 무엇일까? 사람마다 가치가 다르고 자라온 환경이 다르고 외모와 성격이 다르니 사랑도 여러 가지의 모습을 갖고 있을 것이다. 존 앨리라는 사람은 사랑의 상태를 여섯 가지로 구분을 했는데 대부분의 사랑에는 이중 두세 가지가 복합적으로 나타난다고 한다. 그 여섯 가지 사랑은 이런 것이다.

1. 에로스Eros : 육체적이고 성적인 매력에 사로잡힌 관계의 사랑이다. 첫눈에 상대방의 외모에 끌리는 경우가 많다.

2. 루두스Ludus : 장난스럽고 우연히 이루어지는 사랑. 서로 크게 상대에게 관심을 보이지는 않으나 만나는 게 재미있고 즐거우니까 좋아하는 관계를 말한다.

3. 스토르지Storge : 우정에서 사랑으로 변하는 경우에 흔히 볼 수 있는 것인데 열정이나 탐닉은 별로 없으나 자신도 모르게 정이나 상대방의 따스함에 빠져드는 것을 말한다.

4. 마니아Mania : 사랑하는 사람을 늘 보고 싶어 하고 만나면 격정적인 관계를 이어가는 사랑이다. 반면 갑작스런 파탄을 가져올 확률이 많다.

5. 프라그마Pragma : 보다 현실적인 사랑으로서 가슴보다 머리가 앞서는 사랑이다. 한번 사귀어 보자고 하다가 시작되는 사랑인데 일단 시작되면 깊은 관계로 발전한다.

6. 아가페Agape : 지극히 기독교적인 사랑으로서 이해와 양보와 희생을 통해 이루어 가는 사랑을 말한다. 플라토닉 러브의 기본

형태다. 흔히 에로스와 반대의 개념으로 이해된다.

　사랑이 우리에게 가장 어필할 수 있는 감정이라면 사랑을 적극적으로 도입하여 생각을 해 볼 필요가 당연히 있다. 위에서 열거한 사랑 중 어느 것을 자극해도 좋다. 인간의 본능인 섹스어필을 자극해도 좋고 가족애를 내세워도 좋다. 아니면 이별의 애처로움을 내세우는 것도 효과적이다. 인간은 늘 사랑을 안고 살아가는 것이므로 사랑의 자극은 영원한 아이디어의 샘이다.

　〈젊은 베르테르의 슬픔〉을 쓴 괴테는 사랑이라는 테마로 불후의 명작을 남겼다. 베토벤은 서른 살에 열여섯 살의 소녀와 사랑에 빠졌지만 그 소녀의 아버지는 다른 남자와 결혼시켜 버렸다. 베토벤이 그 실연의 아픔을 승화시킨 명곡이 〈월광 소나타〉이다. 단테는 어떠했던가? 철학자 단테는 베아트리체를 그리워하며 결국 〈신곡〉을 완성했다. 사랑과 이별의 아픔은 예술가의 혼을 자극하고 명작을 탄생하게 했다. 누구에게나 사랑은 달콤한 것이지만 그 달콤함 뒤에 찾아오는 이별의 아픔을 통해서도 많은 아이디어가 탄생하는 것은 틀림이 없다. 셰익스피어의 명작 중에서 '4대 비극'보다 오히려 더 유명한 것은 비극적인 사랑을 다룬 〈로미오와 줄리엣〉이다. 우리나라의 〈춘향전〉도 사랑이라는 테마를 담은 고전 중 대표작으로 손꼽히고 있다.

　일찍이 기능성 음료 중에 롯데칠성이 만드는 '2% 부족할 때'는 단순히 육체적인 갈증이 아니라 사랑의 갈증으로 젊은이들에게 소구하여 성공한 대표적인 사례다.

'선영아 사랑해'로 유명했던 티저 광고가 있었는데 2016년에는 '아이소이'라는 화장품 브랜드가 아이유를 내세워 '선영아 사랑해' 2 편을 선보였다. 크리넥스는 '크리넥스로도 닦을 수 없는 그리움이 있다.'라고 하여, 얼굴 등을 닦는 제품을 그리움으로 승화시켜 그 광고를 보는 이들의 가슴을 적시게 했다.

이처럼 제품이나 서비스 혹은 당신의 모든 비즈니스에 사랑을 담으면 그 가치가 달라진다. 그러기 위해서는 스스로 많이 사랑하라. 정말로 상대방을 사랑하라. 또 사랑에 관한 명언을 많이 알아 두라. 사랑에 관한 책, 영화를 많이 보라. 사랑에 얽힌 이야기를 많이 기억하라. 사랑이 당신의 성공에 날개를 달아 줄 것이다.

26. 미워하라

고가 후미타케와 기시미 이치로의 공저로서 베스트셀러가 된 〈미움받을 용기〉가 일본 후지TV에서 드라마로 제작되어 또 한 번 센세이션을 일으켰다.

미움의 감정은 사랑의 감정 못지않게 우리에게 많이 나타난다.

미움은 발전의 에너지가 될 수도 있다.

박찬욱 감독은 미움과 복수의 본능을 자극하는

좋은 영화들을 만들어 세인의 관심을 끌었다.

인간의 감정을 나타내는 말은 흔히 칠정七情을 이야기한다. 즉 희노애락애오욕喜怒哀樂愛惡慾의 일곱 가지인데 보통 희노애락이라고 한다. 이걸 쉬운 말로 풀면 희는 기쁨, 노는 노여움, 애는 슬픔, 낙은 즐거움, 애는 사랑, 오는 미움, 욕은 욕심의 감정이다. 칠정은 우리가 세상을 살아가면서 늘 경험하고 그 경험을 토대로 느끼는 감정이다. 이런 감정이 없다면 사람이라고 할 수 없다. 그리고 늘 좋은 감정만 가질 수는 없다. 때로는 분노도 느끼고 슬픔도 느끼고 그래서 그걸 딛고 일어서면서 더 성숙한 자신을 발견하기도 한다. 현재의 경험과 느낀 감정은 시간이 가면서 잠재의식 속에 저장이 된다. 사랑이거나 혹은 미움이거나 어떤 대상에 대한 감정이 쌓이면 그것이 이미지가 된다. 다시 말해 같은 감정의 반복은 이미지로 굳어진다는 것이다.

칠정 중 여섯 번째 감정이 미움이다. 물론 두 번째 노의 감정이 미움의 원인이 되기도 한다. 사랑의 감정이 배신을 당하게 되면 더 큰 미움이 된다. 사람이 오직 사랑이나 기쁨만으로 살아갈 수 있다면 좀 좋으랴. 하지만 사람이 슬픔이나 미워하는 감정을 가지지 않고 살아갈 수는 없다. 불경에서는 이렇게 말한다. '사랑하는 사람도 미워하는 사람도 가지지 말라. 사랑하는 사람은 못 만나서 괴롭고 미워하는 사람은 만나서 괴롭다.' 그러나 구더기 무서워서 장 못 담그냐고 생각하는 사람이 많을 것이다. 괴로워질까 봐 사랑을 일부러 피하면 그것은 스스로에게 참으로 비겁한 짓을 하는 것이다. 사랑하고 미워하는 것이 우리 인간사이니까.

또 미움은 사랑의 다른 표현이라는 사람들도 있는데 미움과 사랑은 종이 한 장 차이라는 것이다. 그 종이가 뒤집어지면 미움이 사랑으로 변한다는 것이다. 사랑의 반대말은 미움이 아니고 무관심이라는 말은 상당히 설득적이다. 하기야 사랑의 감정이 바탕이 되어 미움이 나타나는 것이 많을 것이다. 사랑과 미움의 갈등, 혹은 그 방정식을 다룬 소설이나 영화를 우리는 많이 볼 수 있다. 롤랑바르트는 사랑해의 반대말은 '사랑했었다'라고 했다나.

히트한 영화 중에는 우리가 잘 아는 〈올드 보이〉가 있는데 이는 미움과 복수의 스토리이다. 우리 마음속에 있는 미움의 감정과 복수심리를 자극하여 성공한 영화다. 〈복수는 나의 것〉에 이은 〈올드 보이〉 그리고 〈친절한 금자 씨〉를 만든 박찬욱 감독은 미움이라는 모티브로 영화를 성공시켰는데 인간심리를 잘 아는 대단한 감각의 소유자임에 틀림없다. 이렇게 미움이라는 감정도 잘 활용하거나 대중들에게 자극하면 대단한 아이디어가 될 수 있다.

그러나 미움의 감정을 잘못 표현하면 손해 볼 수도 있다. 섣불리 미움을 드러내면 자신의 이미지가 나빠질 수 있다. 그러므로 이런 감정을 표현하는 데는 세련미가 필요하다. 슬픔이나 노여움, 미움의 감정은 세련되게만 표현할 수만 있다면 아주 멋진 것이 될 수 있다. 버거킹은 경쟁사인 맥도널드의 M자를 심술 사나운 입술모양으로 만든 광고를 만들었는데 이 광고는 재미는 있지만 잘된 아이디어는 아니다. 맥도널드를 미워하기보다는 오히려 맥도널드를 인지시켜 주는 결과를 만들었기 때문이다.

여자들의 미움은 흔히 질투로 표현된다. 질투는 그러나 여자를 아름답고 섹시하게 만드는 원동력이 될 수도 있다. 질투심을 잘 자극하면 여성을 상대로 하는 마케팅에서 성공할 수 있다. 또 여자의 미움은 경쟁심을 자극하여 발전의 계기가 되기도 한다. 요즘 나오는 광고를 잘 보라. 이런 심리를 자극하는 마케팅이나 광고가 많다. 물론 남자의 경쟁심도 성공의 모티브가 된다. 스스로를 미워하거나 경쟁자를 미워하라. 그리고 그 미움을 발전의 계기로 삼아라. 미움도 아이디어의 발전소가 된다.

그러나 미움의 감정을 잘못 활용하면 사회악이 될 수도 있다. 요즘은 누구나 포토샵이나 일러스트레이션을 배울 수 있고 많이 보급되어 있기 때문에 그것을 이용한 합성사진이나 패러디 사진, 게임 등이 인기를 끌고 있다. 그중에는 부당한 일을 저지른 연예인들이나 외국 선수, 전쟁을 주제로 한 것들이 많다. 이런 소재들은 네티즌들의 주목을 받기가 쉽다. 그래서 그런지 요즘에는 자신이 부당한 일을 당하거나 그런 현장을 목격한 네티즌들은 인터넷을 이용하여 생각을 나누고 심지어는 현장사진까지 찍어 보여 주는 경우도 있다. 지하철에서 일어난 볼썽사나운 일들이나 사건 현장을 여과 없이 보여 주는 경우다. 이렇게 자신의 분노나 미움을 인터넷을 통하여 나누는 것이 사회를 좋은 방향으로 이끄는 바른 목소리가 될 수도 있지만 무분별하게 자신의 감정만 전파하면 인격 모독이 될 수도 있고 대중의 힘에 의해 한 개인의 삶이 짓밟힐 수도 있다.

미움을 주제로 한 광고 중에는 담배광고가 있다. 미워하는 사람이 있다면 담배를 권하라는 것인데 담배가 해롭다는 사실을 역으로 표현한 것이다.

27. 멀리 보라

포르투갈 까보다로까. 유럽 대륙의 땅끝 마을이면서 대서양의 시작점이다. 끝없이 펼쳐진 대서양을 바라볼 수 있는 곳으로 인기가 높다. 사진 찍는 내 모습도 멀리 바라보는 느낌이 든다.

나무를 보고 쏘는 화살보다

태양을 보고 쏘는 화살이 더 멀리 날아간다.

우리나라에도 땅끝 마을이 있고 포르투갈에도 있다. 유럽 대륙의 땅끝 마을 까보다로까는 대성양의 시작점으로서 많은 사람들이 찾아온다. 끝없이 펼쳐진 대서양을 바라보는 순간 가슴이 트이는 기분을 느낄 수 있다. 멀리 바라보는 것 자체로 우리는 새로운 아이디어를 얻을 수 있다. 까보다로까를 굳이 찾아가는 것은 지리학적 의미도 있지만 바라보는 시선을 달리함으로써 사고의 리셋 효과를 얻을 수 있기 때문이다. 나는 그곳을 거닐면서 많은 생각을 한다.

멀리 보면 눈앞만 보는 것보다 더 큰 야망을 펼칠 수 있고 미래를 위한 아이디어를 생각해 낼 수 있다. 이런 사례는 무수히 많다. 인류를 달나라로 보낸 것은 케네디 대통령이 십년 내로 달에 사람을 보내겠다는 원대한 아이디어를 실천에 옮긴 결과이기도 한다.

인류는 일찍이 눈을 지구 밖 먼 곳으로 돌려 우주탐사를 시작하였다. 우선 지구를 돌고 있는 달이 목표였고 태양계를 돌고 있는 많은 위성들에게 관심을 가지고 탐사를 시작했다. 이미 달나라에는 사람의 발자국이 찍혀 예부터 내려오던 전통적인 신비감은 사라져 버렸다. 현재 가장 멀리까지 간 우주선은 보이저 1호로 1977년 9월에 토성과 목성 등 외행성을 탐사하기 위해 발사되어 현재는 태양권 가장자리를 돌고 있다고 한다. 즉 태양에서 약 140억 Km 떨어진 곳을 비행하고

있는 것이다. 보이저 1호에는 55개 언어로 된 인사말과 자연음향, 115
장의 사진 정보를 담고 있는 '지구의 속삭임'이라는 타임캡슐을 지녔
으며 10년 후 태양권을 벗어나면 다른 항성계에 진입할 수 있다고 한
다. 우리 지구와 비슷한 환경을 가진 화성은 특히 관심의 대상이 되
었고 외계의 생명체에 대한 관심으로 외계인을 다룬 많은 책과 영화
가 만들어지기도 했다.

　무한한 크기의 우주를 탐사한다는 것은 곧 오랜 시간과 노력
이 필요하다. 각국이 이러한 우주탐사에 열을 올리는 것은 현재보다
는 미래의 국가 경쟁력과도 관계가 있기 때문에 선진국에서는 우주탐
사에 많은 돈을 투자하고 있다. 최근 중국에서도 유인우주선을 발사
하고 회귀하는 데 성공하여 중국인들이 환호를 했다. 일본의 여행사
JTB는 미국의 우주여행사인 스페이스 어드벤처스SA사와 제휴해 우
주여행 상품을 일본 내 독점 판매할 계획을 세운 적이 있다. 약 1000
억원의 비용을 제시했는데 우주여행은 더 이상 꿈이 아니다. 또 어떤
나라에서는 달의 토지를 분양하고 있다니 너무 앞선 일인 것 같기도
하지만 앞으로 두고 볼 일이다.

　세종대왕이 한글을 창제한 것은 15세기이니 500여 년 전의 일이
다. 세종대왕이 한글을 만든 마음은 그 당시에만 사용하려고 한 것은
결코 아닐 것이다. 길이 후세에까지 널리 사용하게 하려고 한글을 창
제하였을 것이다. 오늘날 우리가 이렇게 한글을 사용하는 걸 세종대
왕이 볼 수만 있다면 얼마나 뿌듯할까? 세종대왕이 위대함은 이렇게

멀리 내다보고 한글을 만든 것에 있다. 대왕은 한글을 창제한 후에도 3년간 한글의 사용을 여러 가지로 시험해 보고 비로소 반포하였으니 이 역시 대단한 것이 아닐 수 없다. 현재의 이익이나 인기에만 급급한 지금 우리나라의 정치 현실을 보면 더더욱 대왕의 모습이 위대해 보인다.

왜국의 침입을 예견하여 선조에게 10만 양병설을 주장한 율곡 이이의 생각도 한 치 앞을 본 것이 아니고 멀리 보고 주창한 아이디어다. 물론 나중에 실제 임진왜란이 일어났다. 만약 이이의 주장이 받아들여져 10만 양병이 이루어졌다면 역사는 달라졌을 것이다. 임진왜란 때 그렇게 고생을 하지 않았을 것이다. 물론 이 주장은 받아들여지지 않았기에 선조는 호된 임란을 겪어야만 했다. 당시 동인과 서인 등 파가 갈리어 상대방의 파에서 주장하는 것은 반대하는 걸로 일삼아 이이의 주장이 먹혀들지 않았다는 것이 안타깝다. 물론 당시 10만 이상의 병력이 있었지만 군기가 해이해져 있어서 10만 양병은 의미 없는 일이라고 주장하는 사람도 있다. 그러나 병력이 늘어나면 그만큼 무기도 더 만들고 전술도 개발되니 분명 효과가 있었을 것이다. 구한말에는 어떠했는가! 이이의 지혜를 배워 당시 우리도 강한 군대를 갖고 있었다면 일본에 의해 그렇게 비참한 역사를 만들지 않았을 것이다. 모두가 멀리 보지 못하고 눈앞의 것만 생각한 탓이다.

나무를 보고 쏘는 화살보다 태양을 보고 쏘는 화살이 더 멀리 날아간다는 말이 있다. 원대한 목표를 잡으라는 이야기다. 또 나무만 보지 말고 숲을 보라는 말이나 사슴만 쫓다 보면 산을 보지 못한다는 것이나 돈을 따라가면 사람을 만나지 못한다는 말들은 모두 소소한 것에 신경 쓰다 보면 큰 것을 놓치게 된다는 것이다. 눈앞의 이익만 추구하다 보면 큰 이익을 놓치게 되는 경우도 많다.

땅이나 주식 등에 투자하는 사람들도 마찬가지다. 멀리 보고 투자하면 반드시 이익을 얻게 된다는 것이 정론이다. 주식투자를 해서 단타에 성공한 사람을 찾기란 쉽지 않다. 멀리 내다보고 투자한 사람이 훨씬 더 성공했다는 이야기는 자주 들린다. 내 친구 중에도 십수 년 전에 사놓고 내버려 둔 땅이 있는데 나중에 주택단지로 개발되어 큰돈을 번 경우가 많다.

리처드 바크의 소설 〈갈매기의 꿈〉에는 보통 갈매기와는 달리 날고 싶은 꿈을 가진 갈매기 조너선이 나온다. 조너선은 먹이보다는 진정한 비상을 꿈꾸며 다른 갈매기들의 따돌림에도 불구하고 고된 수련을 통해 결국 자신의 꿈을 이루게 된다. '가장 높이 나는 새가 가장 멀리 본다.'는 것이 조너선의 교훈이다. 현재에 만족하지 말고 멀리 앞날을 바라보며 자신의 꿈을 간직하고 이루기 위해 노력하라고 조너선은 우리에게 말하고 있다.

멀리 보라. 그러면 목표가 커지고 목표를 이루기 위한 단계적 계획이 생길 것이다. 멀리 바라보는 아이디어는 시간이 갈수록 큰 힘이 된다는 것을 잊지 마라.

28. 가까이 보라

같은 꽃이라도 가까이 보면 색다른 아름다움이 있다는 걸 알 수 있다. 꽃 사진을 찍는 이들이 접사 렌즈로 즐겨 찍은 이유는 가까이 봐야 느낄 수 있는 세계가 있기 때문이다.

아이디어는 멀리 있는 것이 아니고 가까이에 있다.

하찮은 야생화라도 가까이 들여다보면

거기에 또 다른 세상이 존재하고 새로운 아름다움을 발견할

수 있다.

미국 클린턴 대통령의 과학기술 자문위원이었던 닐 레인Neal Lane

은 1998년 4월 미국 의회에서 행한 연설에서 다음과 같이 말했다.

> "만약 누군가가 21세기에 신기원을 가져다 줄 차세대의 가장 유망한 과학기술 분야가 무엇이냐고 제게 물으신다면 저는 바로 나노 기술이라고 대답할 것입니다."

그 후 나노가 많이 회자되어 왔다. 나노는 10억분의 1을 나타내는 단위로, 난쟁이를 뜻하는 고대 그리스어 나노스nanos에서 유래되었는데 1나노미터(nm)는 10억분의 1m로, 머리카락의 굵기의 약 8만분의 1크기로 수소원자 10개를 나란히 늘어놓은 정도로 작은 것이다.

은을 나노 크기로 잘라놓아 제품에 넣어 살균효과를 나타나게 한 것이 나노실버 혹은 은나노라는 것이다. 나노실버란 말은 지금 너나할 것 없이 사용하고 있지만 주식회사 한국생명공학이란 곳에서 처음 개발한 아이템의 물질명의 이름이자 브랜드이다. 나노실버는 '나노 테크놀로지 실버'의 줄인 말로 강력한 항균과 살균효과가 있어 여러 가지 제품에 응용되고 있다. 은을 나노화 하면 강력한 살균력을 갖게 되는데 650여 가지의 균을 살균한다고 한다. 그래서 냉장고나 세탁기 등에 활용되고 있는데 사람에게는 아무런 해가 없다고 한다.

이렇게 우리가 눈으로 보는 것보다 훨씬 더 작은 것을 가까이 들여다보면 거기에는 새로운 세계가 있다. 현미경으로 사물을 들여다보면 여러 가지 신기한 형태를 볼 수 있다. 현미경으로 찍은 사진을 보면 생명의 신기한 모습들을 볼 수 있다. 어떤 물질의 본성을 알려면 자세히 가까이 보는 방법이 무엇보다 좋다. 이를테면 종이의 질을 알려면 종이를 가까이 들여다보는 것이 가장 좋다. 표면을 살펴보면 종이의 질을 알 수 있다. 피부 관리를 해 주는 곳에서는 피부를 가까이 들여다보고 피부상태를 판단하고 거기에 맞는 처방을 해 준다. 또 두피관리를 하는 곳에서도 두피에 현미경을 대고는 머릿속을 들여다보는데 모근이나 두발의 상태를 파악하고 거기에 맞는 두발관리를 해 준다. 남성 헤어스타일 전문업체인 블루클럽에서는 남성 고객이 여성에 비해 신경을 덜 쓰는 두피관리에 대해 조언을 해 준다. 우선 두피에 현미경을 대고 자신의 두피를 보게 한다.

한때 유행했던 매직아이란 것은 그림을 가까이 보면 입체적인 영상이 나타나서 인기를 끌었다. 우선 그림을 가까운 거리에서 눈에 초점을 흐려 멍하니 바라보다가 그림에서 눈을 조금 떼면 그림 속에 또 하나의 그림이 나타나게 되는 입체 그림인데 이 그림의 원리는 한 물체와 눈 사이의 각도에 의해 거리감이 느껴지게 되는데 그 각도가 크면 가까이 있는 것처럼 보이고 각도가 작으면 멀리 있는 것처럼 보이는 것이다. 즉 매직아이를 자세히 보면 여러 개의 그림이 중복되어 있는데 그 그림 사이의 간격이 가까우면 위로 떠 보이고 간격이 멀면 뒤로 떨어져 보이게 되는 것이다. 이것은 우리의 눈이 두 개이기 때문에 가능한 것이다. 중복되는 그림이 오른쪽 눈과 왼쪽 눈에 각각 인식이 되면 그것이 겹쳐져서 입체로 보이게 되기 때문이다. 이것은 그림과 눈 사이의 거리가 가까울수록 인식하기가 쉬워진다. 말하자면 가까이 보게 한 아이디어인 셈이다.

우리의 행복은 어디에 있는 것일까? 많은 사람들은 행복은 멀리 있는 것이 아니고 가까이에 있다고 한다. 행복을 상징하는 무지개를 찾으러 멀리 멀리 갔다가 눈물만 흘리고 돌아왔다는 이야기가 있다. 바로 곁에 행복이 있는 걸 모르고 멀리 찾으러 간 어리석음을 표현한 것이다. 사랑하는 사람도 멀리 있는 것이 아니다. 늘 가까이에 있다. 눈을 멀리 돌리지 말고 우선 가까운 곳에서 사랑을 찾아보라.

친구나 연인을 찾을 때도 멀리서 찾는 것보다 가까운 곳에서 찾는 것이 좋다. 같은 동네에서나 같은 직장 안에서 혹은 같은 동호회 안에서 친구와 연인을 찾아라. 가까운 곳에 친구가 있고 사랑이 있는 법이다. 외국여행이나 국내에서도 먼 곳을 다니며 명승을 찾아보는 것도 좋지만 바로 주위에서 명승지를 찾아보라. 산을 가려면 굳이 멀리 갈 필요가 없다. 북한산이나 도봉산은 가까이 있어서 오히려 그 가치를 모르고 있지만 정말 멋진 산이다. 마음만 먹으면 갈 수 있는 경복궁이나 창경궁 같은 곳도 얼마나 좋은가. 자꾸만 멀리 보고 멀리 가려는 마음이 문제인 것이다.

아이디어도 마찬가지다. 아이디어는 멀리 있는 것이 아니고 가까이에 있다. 주위를 차근차근 둘러보라. 가까이에 있는 책을 뒤져 보고 사전을 열어 보라. 이 방법이 아이디어 발상의 가장 중요한 것 중의 하나인 카탈로그법이다. 카탈로그법은 브레인 스토밍법과 더불어 아이디어 발상법의 대표적인 것인데 주변의 책, 신문, 잡지 등을 보면서 아이디어의 꼬리를 잡는 것을 말한다.

전문서적도 좋고 소설이나 만화책도 좋다. 또는 아이들의 교과서를 보거나 신문에 끼워 들어오는 전단지를 살펴보라. 거기에서 반짝거리는 생각들을 주울 수 있다.

카피라이터로서 늘 아이디어를 찾아야 하는 나도 우선 가까이에 있는 것에서 생각의 출발을 한다. 컴퓨터에 있는 자료, 책상 위의 책이나 자료철을 찾아보거나 아이들 방으로 들어가 이것저것 찾아보기도 한다. 먹고 있던 음료수의 라벨이나 TV 프로그램을 이리저리 돌려서 보기도 한다. 그러면 반드시 가까이에 새로운 아이디어의 출발점이 있다는 걸 깨닫게 된다.

29. 한 번에 하라

대만 타이베이의 101타워. 총 101층으로 쇼핑, 호텔, 전망대 등 다양한 용도로 구성된 복합건물이다. 우리나라에도 롯데월드타워가 호텔, 오피스, 쇼핑 등의 복합 빌딩으로 세워졌다.

비즈니스 카페 혹은 프린트, 팩스, 스캐너가 다 모여 있는
복합기 같은 것이 적분법 시대의 산물이다.
특히 전자제품의 발달은 모든 것을 한 번에 즐길 수 있도록
해 주고 있다.

나는 술자리도 따져서 간다. 친한 사람끼리 즐거운 시간이면 좋은데 비즈니스 때문에 생기는 술자리는 되도록 가지 않는다. 별로 유쾌하지 못하기 때문이다. 오늘도 원하지 않는 술자리를 가야 하는 샐러리맨들에게 유감을 표한다. 그리고 술자리를 1, 2차로 옮겨 다니면서 마시는 것도 안 좋아한다. 고기나 회를 먹으면서 소주를 마시고 2차에서는 맥주로 입가심하고 3차는 노래방에서 별로 잘 부르지도 않는 노래를 듣는 것은 정말 고역이다.

　　조선호텔에 있는 오킴스바는 그래서 내가 잘 가던 곳이었다. 거기서는 아일랜드산 흑맥주인 기네스를 마시며 아일랜드 노래를 들을 수 있고 다트게임이나 포켓볼도 즐길 수 있었다. 최근에는 가 보지 않아서 분위기가 달라졌는지는 모르겠다. 이곳에서 친한 사람과 이야기하면서 한곳에서 여러 가지를 즐기는 것이 좋았다. 아마 나의 급한 성격 탓도 있으리라. 생각나면 바로 처리해야 하고 한곳에서 모든 걸 해결해야 하는 성격 탓이리라. 그러나 옮겨 다니는 시간이 아깝고 한곳에서 모든 걸 해결할 수 있다면 굳이 옮길 필요가 없다.

　　주거공간인 아파트와 상가가 같은 건물에 들어서도록 한 것이 주상복합이다. 아파트에 사는 사람은 같은 건물에 있는 상가를 이용하니 좋고 상가를 운영하는 사람은 고정 고객을 확보할 수 있어 좋다. 주상복합은 처음에는 인기가 없었지만 이제는 고급 주거공간으로 인식을 받고 있다. 이제는 사람들의 마음이 복합적인 기능의 편리함을 존중하게 된 것이다. 그래서 현대사회를 적분법積分法 시대라고 한다.

멀티미디어처럼 하나로 모든 것이 해결되는 욕구가 있고 그런 제품이나 서비스가 각광을 받는 시대이다. 요즘 인기가 좋은 불가마나 찜질방 같은 곳도 그런 경향을 반영한 것이다. 사우나와 운동, 식사, 영화, 휴식 등을 한곳에서 다 해결하는 곳이다. 말하자면 실내 휴양 공간인 셈이다. 대형할인점은 또 어떤가? 온갖 종류의 식품은 물론 옷이나 가전 같은 것을 다 구입할 수 있고 가족이 함께 사진을 찍고 식사를 할 수 있는 곳이다. 식사도 한식, 양식, 중식, 일식 등 그 종류가 정말 다양하다. 비즈니스 카페 혹은 프린트, 팩스, 스캐너가 다 모여 있는 복합기 같은 것이 적분법 시대의 산물이다.

특히 우리는 컴퓨터로 모든 걸 다 한다. 문서작성, 인터넷, 그래픽, 영화, 통화, 메신저…… 등. 또 휴대용 멀티미디어도 계속 발달하고 있다. 휴대폰으로 통화만 하는 시대는 끝났다. 문자 보내고, 음악 듣고, 영화 보고, 뉴스 보고……. 기술의 급진전함에 따라 휴대폰에서도 여러 개의 프로그램을 함께 실행하는 멀티태스킹Multi-tasking 기능이 가능해졌다. PC에서 여러 개의 창을 동시에 띄워 놓고 작업을 하듯이 휴대폰에서도 음악을 들으며 음성통화나 문자, 게임 등을 즐길 수 있게 된 것이다. 말하자면 휴대폰도 멀티태스킹이 대세이다. 요즘 젊은 이들이 가장 좋아하는 멀티태스킹 기능은 음악을 들으면서 휴대폰의 고유 기능을 즐기는 것이다. 이른바 뮤직폰은 MP3 음악을 들으면서 음성통화를 나누는가 하면 메시지나 무선 인터넷 작업도 동시에 수행할 수 있다.

요즘 시간이 없는 직장 여성들 사이에서는 복합기능성 화장품이 인기를 끌고 있다. 말 그대로 여러 가지 기능을 한 번에 누릴 수 있는 화장품이다. 컬러로션 하나에 피부보정 기능의 메이크업베이스, 파운데이션의 커버력, 자외선 차단효과까지 갖춘 것이 있다. 당연히 바쁜 직장 여성들에게 인기를 끌었다. 그런데 요즘에는 피부개선에 초점을 둔 에센스 같은 기초 화장품에 복합기능을 접목시킨 화장품이 앞 다투어 개발되고 있다. 즉 토너, 로션, 세럼의 기초화장을 한 번에 할 수 있는 제품이나 에센스 하나로 피부노화에 따른 잔주름, 탄력저하, 모공확대, 건조 등의 여러 문제점을 한 번에 해결할 수 있는 제품들이 그런 것이다. 화장품의 이런 변화는 앞으로도 더 많아질 것으로 보인다.

남성 화장품도 스킨과 로션을 합친 제품이 나와 인기를 끌고 있다. 일본 브랜드인 우루오스는 스킨과 로션을 합친 것으로 면도나 세안 후 이거 하나만 바르면 되는 제품이다. 소위 말하는 올인원이다.

아이들이 좋아하는 놀이기구 중에 힐리스라는 것이다. 신발 밑에 롤러스케이트를 붙인 힐리스는 1998년 로저 아담스라는 한 중년의 심리학자가 개발한 것이다. 그는 어렸을 때부터 롤러스케이트를 즐겼으며 생후 9개월 만에 롤러스케이트를 탄 최연소 롤러스케이터로 기네스북 기록도 가지고 있었다. 사업 도산 후 그는 한 가지 생각에 몰두했다. 늘 그가 몰두해 오던 것이기도 했다. 그것은 걸을 수도 있고 스케이팅도 할 수 있는 무언가가 없을까 하는 거였다. 결국 그가

고안해 낸 것이 바로 힐리스였다. 힐리스는 일반 운동화와 똑같이 생겼지만 신발 밑에 한 가지 비밀이 숨겨져 있다. 바로 발뒤꿈치에 휠을 장착하여 걸어가다가 원하면 바로 스케이팅도 할 수 있는 전혀 새로운 운동화였다. 힐리스는 스케이팅을 즐기기 위한 특별한 장소가 필요 없이 바닥이 평평한 곳이라면 어디서나 즐길 수 있어 곧 전 세계에서 인기를 끌었다.

이제는 한곳에서 다하게 하라. 한꺼번에 해결할 수 있도록 하라. 한 번에 처리될 수 있도록 하라. 그것이 새로운 비즈니스가 된다.

30. 나누어라

일본의 대표적인 하카다 라멘. 중국에서 시작된 라면은 일본에서 라멘으로 활짝 꽃을 피웠다. 우리나라에는 수많은 라면 브랜드가 있고 일본에도 라멘의 종류는 무지 많다. 라멘 집마다 맛이 다르다고 할 만큼 다양하다.

양말의 고정관념을 벗어나면 새로운 양말이 보인다.
양말의 종류가 세분화되면 발가락양말 같은 것이 나오고
발가락양말도 이제는 다양한 패션이 도입되고 있다.
고객의 욕구에 의해 종류가 자꾸 나누어지는 것이다.

남자들은 군대에서 무좀을 경험하는 경우가 많다. 그래서인지 여자보다 남자에게 무좀이 더 많은 것 같다. 특히 여름철에는 무좀과 발 냄새는 현대인의 고민거리다. 땀이 많이 나는 사람들은 무좀에 더 취약하고 냄새도 심하기 마련이다. 그런데 발가락 사이가 붙어 있어서 그 안에서 땀과 냄새가 나고 무좀도 잘 걸리게 되는데 발가락을 벌려놓으면 아무래도 냄새나 무좀이 덜 나타나게 된다. 그 이유에서 탄생한 것이 발가락양말이다. 발가락 사이를 천이 감싸고 있어 땀을 흡수하고 좀 더 보송보송하게 만들어 주므로 무좀을 예방할 수 있는 것이다. 그런데 발가락양말은 처음 나왔을 때 모양이 좀 이상하여 꺼리는 사람이 많았다. 기존 양말 디자인의 고정관념이 그만큼 강했던 탓이다. 그런데 최근에 발가락 양말에도 다양한 패션 감각이 도입되고 항균기능이 강화된 제품들을 선보여 무좀과 냄새로 고민인 사람들에게는 반가운 소식이 될 것이다.

현대의 특징 중의 하나가 적분법이다. 즉 모든 것을 한꺼번에 혹은 하나로 해결하고자 하는 것이 현대인의 욕구다. 컴퓨터가 그렇고 휴대폰이 그렇다. 그리고 적분법이 사람들이 즐기는 하나의 현상이라면 사람들의 욕구는 자꾸 세분화되는 경향이 있다. 그것을 미분화 현상이라고 한다. 미분화 현상은 사회 전반에 걸쳐 나타난다. 말하자면 뭐든지 자꾸 세분화되고 나누어지는 것이다. 우선 병원에 가 보라. 전에는 내과, 외과, 산부인과, 치과 등 몇 개의 과로만 되어 있었는데 이제는 정말 다양한 과가 생겼다. 항문대장과 같은 곳이 별도로 생길 줄 누가 상상이나 했겠는가. 피부비뇨기과도 이제는 피부과와 비뇨기과로 나뉘었다. 치과도 언젠가는 윗니 전공, 아랫니 전공으로 나누어질지도 모르겠다. 혹은 어금니 전공이니 송곳니 전공이니 하는 경우도 생기지 말라는 법이 없다.

미분화 현상은 식품에도 다양하게 나타났다. 우선 주스를 보라. 정말 많은 종류의 주스가 생겼다. 오렌지주스도 별의별 게 다 생기더니 이제는 망고, 키위 등 전에는 알지도 못하던 것들이 생겼고, 우유도 여러 종류의 우유가 나왔다. 검은콩우유라는 걸 보고 나는 놀랐다. 누가 우유에 검은콩을 넣을 생각을 했을까? 요구르트도 정말 다양하지 않는가. 뭘 먹어야 좋을지 헷갈리기 일쑤다.

제주도에 여행 가면 많이 들르는 곳이 태평양의 녹차 전문 카페인 '오설록 티하우스'다. 지금은 서울만 해도 여러 곳에 생겼다. 녹차 전문 카페라고 녹차만 파는 것이 아니라 현대인의 입맛에 맞도록 주스, 스무디, 저칼로리 음료, 아이스크림 등 메뉴의 종류가 매우 다양하다. 차 한 종류로 그 많은 메뉴를 개발했다는 것이 참으로 놀랍다. 일반 카페를 생각해 보면 커피를 비롯하여 온갖 차와 아이스크림 심지어는 술까지 마실 수 있었다. 그러나 요즘에는 전문적이면서도 현대인의 문화에 맞는 커피 전문점을 비롯하여 이렇게 차만을 전문으로 하는 티 하우스가 늘고 있다. 이렇게 서비스업이 세분화된다는 것은 곧 소비자들이 더 전문적이고 질 좋은 서비스를 받을 수 있다는 것을 의미한다.

케이블 방송이나 위성방송을 보라. 정말 다양한 채널이 생겼다. 뉴스, 스포츠, 연예, 경제, 영화, 만화, 어린이, 교육, 음악 등등. 사람들의 욕구의 다양화는 엔터테인먼트에서 가장 활발하게 나타는 것은 즐거움에 대한 욕구가 그만큼 강렬하다는 증거다.

세분화는 고객의 욕구에서 출발해야 한다. 마케팅에서 흔히 시장세분화전략Market Segmentation Strategy이라고 한다. 보통 사회경제변수(연령, 성별, 소득, 가족의 라이프 사이클, 직업 등), 지리변수(국내 각 도시와 읍면, 해외의 각 시장), 심리욕구변수(명예, 기호 등), 구매동기(가격, 품질, 편의성) 들을 분석하여 접근하는데 문제는 고객의 마음 속에 잠재된 욕구를 찾아내어 새로운 세분시장을 발견하는 데 있다. 또한 요즘은 사회경제변수나 지리변수보다도 심리욕구변수를 더 중요시하고 있다. 그러므로 고객의 마음속에서 새로운 시장을 찾기만 한다면 어떤 비즈니스도 성공의 가능성이 높아진다.

예를 들어보자. 애견용품에 대해서라면 애견을 기르는 사람들의 심리적 욕구가 무엇인지 먼저 찾아내야 한다. 그래서 강아지 우의, 강아지 팬티, 강아지 브래지어, 강아지 목욕탕, 강아지 침대 등 애견용

품개발에 대한 세분화를 실천하라. 하기야 이미 이런 종류의 제품이 많이 나와 있다. 관심 있는 분야의 제품들과 서비스를 조목조목 살펴보면 시장 세분화에 대해 더 조예가 깊어질 것이다.

세분화 훈련은 우선 작은 물건을 나누어 보는 데서 출발하면 좋다. 그리고 반드시 작은 노트나 메모지를 활용하라. 거기에 생각나는 대로 적어놓고 필요할 때 이곳저곳 열어 보면 아이디어 발상에 도움이 될 것이다. 그것을 바탕으로 앞바퀴만 있는 자전거를 만들든지 키보드만 있는 노트북을 만들든지 그건 당신이 알아서 할 일이다. 특히 당신이 소비자를 위한 신제품을 개발하는 사람이라면 이제는 세분화시키는 것에 착안을 하라. 크기, 색깔, 용도, 모양 등 다양성의 아이디어를 적용해 보라. 그런 아이디어가 잘 나오지 않는다면 일단 무조건 나누어 보라. 두 가지든 세 가지든.

아이들이 좋아하는 레고를 가지고 여러 가지를 만들어 보는 연습도 훌륭한 아이디어의 능력계발이다. 아이들은 정말 다양한 생각으로 여러 가지를 만들려고 할 것이지만 어른인 당신은 그렇게 많은 걸 생각해 내지 못할 것이다. 고정관념에 사로잡혀 있기 때문이다. 고정관념에 잡혀 있으면 다양성은 포기하는 것이 좋다. 레고야말로 나누어서 다시 합치게 만든 아이디어로 성공한 사례다.

31. 빠르게 하라

'요리가 빨라지면 밤이 길어진다.'

일본 큐피 마요네즈는 스피드 캠페인을 펼쳤다. 빠르고 간단하게 요리하자는 주제로 야채와 마요네즈로 만드는 샐러드를 추천하여 인기를 끌었다.

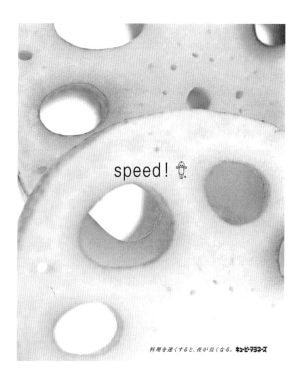

피자를 주문하고 오래 기다리는 것을 누가 좋아하겠는가?

30분 배달을 내세웠던 도미노 피자는

그 사실 하나만으로도 이름을 기억하게 된다.

속도 전쟁이라는 말이 있다. 누가 더 빨리 하느냐가 중요한 시대이다 보니 이런 말이 나왔다. 요즘 나오는 가전제품들을 보면 급속기능이 많다. 급속 냉각, 급속 조리 등. 성질이 급한 사람들이나 시간이 없는 사람들에겐 급속 제품이나 급속 서비스가 제격이다. 바로 조리해서 먹을 수 있는 식품도 많아졌다. 컵라면은 물론이고 전자레인지에 넣으면 바로 조리되는 식품의 종류가 갈수록 다양해지고 있다. 세탁소나 옷 수선도 급속으로 해 주는 곳이 생겼다. 양복 한 벌 세탁이 30분이면 된다고 하니 옷이 더러우면 가서 맡기고 잠시 차 한 잔 하고 나면 말끔한 양복을 입을 수 있는 것이다.

우리나라 사람은 워낙 빠른 걸 좋아하다 보니 외국에서는 한국 사람을 '빨리빨리'라고 부르기도 한다.

그런데 '빨리빨리' 하고자 하는 마음은 나쁜 것만은 아니다. 모든 곳에 빨리를 외치면 안 되겠지만 시간이 급한 곳에서는 '빨리빨리' 심리가 일종의 에너지이다. 오늘날 우리가 여러 분야에서 세계적으로 두각을 나타내는 것은 이 에너지를 잘 활용했기 때문이다.

오래전이고 지금은 없어졌겠지만 관공서에서 서류를 떼려면 급행료를 주기도 했다. 그러면 서류가 남보다 빨리 나왔다. 무조건 빠른 것만 좋은 건 아니지만 쓸데없이 기다리는 것도 좋은 일이 아니다. 남보다 좀 더 빠른 서비스를 제공하면 사람들의 관심을 끌 수 있다. 속도의 가치를 아이디어에 접목해 보라.

빠른 속도로 성공한 사례는 많다. 그중 대표적인 것이 도미노 피자이다. 도미노 피자는 30분 만에 배달하는 것으로 유명했다. 30분이 넘으면 가격을 깎아 주기도 했다. 지금도 그러는지 모르겠지만. 1960년에 창업된 도미노 피자는 톰 모니건 형제가 미국 미시건 주에서 폭스바겐으로 '도미닉스'라는 이름으로 피자를 배달하면서 시작되었다. 1965년부터 이름을 도미노 피자로 바꾸었고 1967년부터는 프렌차이즈를 시작해서 지금은 세계 최대의 피자 배달점으로 성장했다. 전 세계에 7,000여 개의 가게가 있고 한국에도 많다. 비록 다른 피자집에서도 빨리 배달해 준다고 해도 빠른 배달의 이미지는 우선 도미노에 속해 있다. 속도로 성공한 것이다.

생각해 보라. 피자를 주문하고 오래 기다리는 것을 누가 좋아하겠는가? 도미노 피자의 성공을 우리는 거울삼을 필요가 있다. 이제 당신의 제품이나 서비스에 속도를 붙여 보라. 남보다 더 빠른 속도를 붙일 수만 있다면 당신의 성공 역시 빠르게 이루어질 것이다. 식당이나 은행에서 번호표를 주는 것은 무작정 기다리는 것에 대해 화가 나는 사람들을 배려한 것이다. 번호표보다 더 좋은 것은 역시 기다리게 하지 않는 것이다.

우리가 사용하는 정수기의 물은 어떻게 해서 항상 시원할까? 그것은 정수기 안에 미니 냉장고가 들어 있기 때문이다. 보통 냉장고에는 냉매와 모터, 파이프가 들어 있지만 정수기 속에는 열전 반도체가 들어 있기 때문에 짧은 시간에 물을 차게 만들 수 있다. 열전도체란 전기가 연결되었을 때 열이 이동하는 반도체이다. 양쪽에 전기를 통해 주면 한쪽은 70도까지 올라가는 반면 한쪽은 영하 10도까지 냉각된다. 이 열전 반도체는 빠른 냉각과 가열을 필요로 하는 소형 제품에 사용되는데 우리가 사용하는 정수기에도 사용되는 것이다.

또한 우리가 요즘 많이 사용하고 있는 디지털 카메라의 촬상소자CCD에 사용되어 사진을 찍을 때마다 발생하는 열을 재빨리 식혀 준다. 그렇지 않으면 디지털 카메라는 문제가 생긴다. 우리가 무리 없이 고속으로 인터넷을 즐길 수 있는 것도 광통신망 중간에 이 열전 반도체가 설치되어 냉각을 해 주고 있기 때문이다.

얼마 전에는 순간 냉각기술을 이용한 화장품이 국내에서 첫 개발되었다. 더 이상 화장품용 냉장고가 필요 없어진 것이다. 여성이라면 늘어진 모공이나 얼굴선을 잡아 주기 위해서 얼음 팩을 하거나 스킨을 냉장고에 넣어 두고 사용한 적이 있을 것이다. 그러나 이제 그렇게 화장품이 차가워지길 기다릴 필요가 없어지게 되었다. 언제 어디서나 빠르게 시원한 화장품을 사용할 수 있게 된 것이다.

인터넷의 경쟁력도 속도다. 우리나라를 IT강국이라고 하는 것은 인터넷의 보급률과 속도 때문이다. 정말 대단하지 않은가? 세계 어느 곳이라도 순식간에 접속되고 영화 한편 다운받는데 불과 몇 분이면 된다고 하니 대단한 속도다. 이것은 역시 우리나라 사람들의 '빨리빨리' 정신이 있었기에 가능한 것이리라.

미래학자 앨빈 토플러는 〈미래의 충격〉에서 지구촌은 강자와 약자 대신 빠른 자와 느린 자로 구분될 것이며 빠르면 승리하고 느린 자는 패배한다고 스피드에 대하여 예언을 했다. 우리나라를 두고 한 말 같지 않은가! 보라, 미국의 경우는 뉴욕에서 로스앤젤레스로 가려면 5시간 정도 걸리는데 서울에서 부산까지 가면 비행기로 한 시간이면 충분하다. 우리나라가 이렇게 작은 나라임에도 불구하고 고속철도와 고속도로가 많다. 역시 시간에 대한 우리의 '빨리빨리' 근성이 탄생시킨 것이다.

찍는 즉시 사진을 볼 수 있는 폴라로이드는 1943년 성탄절, 세 살인 여자 어린이가 아버지에게 질문을 하는 데서 출발하였다. "아빠, 사진은 왜 금방 볼 수 없어요?" 딸의 질문을 들은 에드윈 랜드는 무릎을 쳤다. 역사상 가장 놀라운 발명품 가운데 하나인 폴라로이드는 이렇게 탄생했다. 또 최근에는 폴라로이드 같은 즉석사진기를 위협하는 새로운 기술이 개발되었는데 그것은 바로 디지털 카메라이다. 찍자마자 바로 화면에서 사진을 확인할 수 있고 자유자재로 편집은 물론 바로 전용 프린트에서 인화를 할 수 있게 되었다.

앞으로 또 무엇을 빠르게 할 수 있을까? 순간접착제가 나온 이유를 생각해 보라. 하루 만에 해결되는 임플란트를 생각해 보라. 어딘가에는 빨리의 해답이 필요한 곳이 있을 것이다.

32. 느리게 하라

경북 봉화 청량사의 오후 풍경을 바라보며 한참이나 앉아 있었다.
　바쁘게 살아가는 도시인에게 느긋하게 살아가는 삶의 소중함을
일깨워 준다.

> 속도에 멀미를 느낀 사람들이 많아지면서 달리기를 포기하고
> 천천히 걷기를 선택하는 사람들이 많아지고 있다.
> 우리의 조상들이 느긋하게 살았던 마음을 다시 살려볼 가치가
> 있다.

　가수 이선희가 불러 히트한 '알고 싶어요'라는 노래가 있다. 대학
가요제의 스타로 등장한 이래 많은 노래를 불렀던 이선희의 노래 중
에서도 아주 가사가 좋은 노래다. '달 밝은 밤에 그대는 누구를 생각
하세요 …… 참새처럼 떠들어도 여전히 귀여운가요. 바쁠 때 전화해
도 내 목소리 반갑나요.' 등으로 되어 있는 이 노래의 가사는 양인자
라는 시인이 작사한 것으로 황진이의 시를 현대에 맞게 각색한 것이
라고 하지만 사실은 그 반대다. 이 노래의 가사를 황진이가 나오는 어
떤 글에서 황진이가 정인에게 보내는 편지로 사용하기 위해 일부러
한시로 번역한 것이라고 한다.

蕭蓼月夜思何事 소슬한 달밤이면 무슨 생각 하오신지

寢宵轉轉夢似樣 뒤척이는 잠자리는 꿈인 듯 생시인 듯

問君有時錄妾言 님이시여 때로는 제가 드린 말도 적어 보시는지

此世緣分果信良 이승에서 맺은 연분 믿어도 좋을까요

悠悠憶君疑未盡 멀리 계신 님 생각, 끝없어도 모자란 듯

日日念我幾許量 매일매일 저를 생각이나 하시나요

忙中要顧煩或喜 바쁠 때 생각나면 괴로움인가요 즐거움인가요

喧喧如雀情如常 참새처럼 지저귀어도 제게 향한 정은 여전한가요

우리가 알고 있는 황진이의 시는 벽계수에게 던져 준 시조가 유명하다.

청산리 벽계수야 수이 감을 자랑마라

일도창해하면 돌아오기 어려우니

명월이 만공산하니 쉬어간들 어떠리

참으로 느긋한 마음이 아닐 수 없다. 급하게 욕심만 부리는 사내에게 느긋하게 놀자는 유혹은 뿌리치기 어려웠을 것이다. 황진이 시조처럼 때로는 느긋한 마음을 갖는 것이 지금 우리에게 필요하다. 일도창해란 말이 여기에 나온다. 한 번 바다에 도착하면 다시 계곡으로 돌아오기 어렵다는 뜻이다. 인생으로 치면 한 번 늙어 죽으면 그만이

라는 의미를 내포하고 있다. 한 번뿐인 인생이므로 바쁘게 살아야 한다는 생각도 나쁘진 않지만 한 번 뿐이기 때문에 느긋하게 즐길 여유도 필요하다는 것이 황진이의 주장이고 우리는 이에 공감을 하는 것이다.

　그동안 우리는 너무 바쁘게 살아왔다. 이에 대한 반성이 여러 분야에서 나타나고 있다. 미국에서 건너온 패스트푸드에 대항하여 슬로푸드 운동이 각광을 받고 있다. 특히 패스트푸드는 너무 많이 먹으면 나쁜 영향이 생기므로 요즘은 슬로푸드가 더 사람들의 관심을 끌고 있다. 슬로푸드 운동은 패스트푸드의 대명사인 맥도널드가 진출하는 것을 막기 위해 1986년 이탈리아에서 시작되었다. 전통 음식을 소멸시킨다며 패스트푸드를 반대한 것을 계기로 시작된 이 운동은 현재 전 세계 수십 개 나라에 수만 명의 회원을 확보하고 있다. 슬로푸드 운동의 대표인 카를로스와 그의 친구들은 음식 맛을 표준화 하는 패스트푸드에 대항하여 미각의 즐거움과 전통음식의 보존을 목표로 이 운동을 시작했는데 패스트푸드의 고향인 미국에서만 한 달에 400여 명의 회원이 늘어날 정도로 슬로푸드 운동은 빠르게 확산되고 있다. '빨리빨리'를 주창하여 경제발전을 이룩한 우리나라에서도 이제 슬로푸드 운동이 진행되고 있다.

　전라남도 곡성군에 가면 섬진강 기차마을이 있다. 이곳은 1999년 전라선 철도 개량 공사로 쓸모없게 된 폐 철로와 폐 역사를 이용하여 구 곡성역에서 압록 역전에 있는 간이역까지 추억의 열차를 운행하는 것인데 상당히 인기를 끌고 있다고 한다. 특히 이곳 13km에 이르는 구간은 섬진강 줄기와 철도, 국도가 나란히 달리고 있어 전라선 구간 중 가장 경치가 좋은 곳으로 꼽힌다. 일반 기차로 가면 10분도 안 되는 거리지만 여기서 운행하는 미니 열차로 가면 왕복 1시간 정도 걸린다고 한다. 천천히 가기 때문에 쉽게 지나칠 수 바쁜 현대인들에게 더없이 편안함을 안겨 준다. 섬진강 기차 마을은 빠른 속도를 위해 태어난 철로를 이용하여 오히려 느림의 미학을 느낄 수 있도록 안겨 준 좋은 예다.

전등 대신 촛불을 켜자는 운동을 하는 캔들Candle족은 슬로 족이다. 앞으로는 '느리게 살자'는 화두가 세상을 지배할지도 모른다. 속도에 멀미를 느낀 사람들이 많아지면서 달리기를 포기하고 천천히 걷기를 선택하는 사람들이 많아지고 있다. 그러면 평소에 보이지 않던 경치도 보이고 주위 사람들과의 대화도 이어지게 마련이다. 느림의 미학을 느껴 보려면 절에서 머무는 템플스테이를 경험하는 것도 좋다. 오대산 월정사에서는 1박2일 등 다양한 템플스테이 프로그램을 마련하고 있다. 내 친구 중의 한 명은 월정사에서 한 달 동안 삭발염의하고 스님 생활을 체험하는 단기출가 학교에 다녀왔다. 사업을 하다가 실패를 거듭한 후 술과 담배에 찌들어 살던 그 친구는 동네 절의 스님 추천으로 그곳에 다녀왔는데 사람이 온전히 달라진 것을 느낄 수 있었다. 아직 머리가 덜 자란 그의 얼굴에는 환한 빛이 감돌았다. 그렇게 좋아하던 담배와 술도 끊고 무엇보다 늘 급하던 성격이 느긋해져서 마음이 더없이 편해졌다고 한다. 급한 성격이 문제인 사람은 한 달간의 단기출가를 경험해 보는 것도 좋을 것이다. 몸도 마음도 달라 지니까.

속도를 줄이면 보이지 않던 것들이 보이게 된다. 경치도 보이기 시작하고 친구도 보이기 시작하고 가족이 보이기 시작하고 무엇보 다 자신의 모습이 보이기 시작한다. 느리게 사는 체험은 꼭 어디가 야만 되는 것은 아니다. 집에서도 가능하다. 하루에 30분이나 한 시 간 정도라도 벽을 보고 앉아 명상의 시간을 갖는 것이 좋다. 나는 집에 있는 내 방이나 사무실에도 향을 두고 하루에 한 번은 향을 피운다. 향을 피우면서 향이 다 탈 때까지 생각에 잠겨 보는 시간을 가진다. 그 시간만큼은 누구에게도 방해받고 싶지 않아 휴대폰도 꺼둔다.

33. 메모를 하라

언제 어디서나 쉽게 메모할 수 있게 만든 포스트잇.
포스트잇은 이제 다양한 용도로 활용되고 있다.
그러나 기본은 역시 메모 기능이다.
글을 쓰고 메모를 하는 행위 그 자체가 기억에 도움이 된다.

해외여행 중에 메모를 하는 필자. 메모를 바탕으로 책을 쓰거나 새로운 아이디어를 내는데 도움을 받는다. 나에게는 메모 노트가 수십 권 있다.

영화 〈러브 액츄얼리〉를 보았는가? 보통 사랑을 고백할 때는 말로 하는 편이지만 이 영화에서는 글로 하는 감동의 사랑고백을 보여준다. 자신의 가장 친한 친구의 약혼녀 줄리엣을 짝사랑하는 마크는 묵묵히 정성을 다해 친구의 웨딩앨범을 촬영해 주지만 신부에게는 왠지 쌀쌀맞게 대한다. 웨딩앨범을 찾으러 간 줄리엣은 자신의 아름다운 모습으로 채워진 화면을 보고 놀라는데 드디어 크리스마스가 되고 마크는 친구 몰래 줄리엣을 찾아와 자신의 사랑을 큰 종이에 글로 써서 조용히 사랑고백을 한다. 그 내용은 다음과 같은데 마크의 이 고백은 말로 하는 것보다 훨씬 더 강렬한 감동을 주었다.

With any luck by next year/내년에 행운이 주어진다면

I'll be going out with one of these girls./난 이 여자들 중 한 명과 데이트할 거야.

(슈퍼모델 사진을 보여 준다.)

But for now, let me say/하지만 지금은

without hope or agenda/아무런 바람이나 조건 없이 말할게.

Just because it's Christmas./크리스마스니까.

(and at Christmas you tell the truth.)/(크리스마스에는 진실만을 말하니까.)

To me, you are perfect/나에게 당신은 완벽해.

And my wasted heart will love you/가슴이 아파도 당신을 사랑할 거야.

Until you look like this./당신이 이렇게 될 때까지.(미라 그림을 보여 준다) Merry Christmas/메리크리스마스

영화 이야기를 하나 더 하자. 〈메멘토〉라는 영화는 특별한 상황을 보여 주고 있다. 영화 속의 시간은 흐름이 뒤집어져 있으며 주인공 레니는 단기 기억상실증이라는 특이한 상황에 놓여 있다. 아내를 강간 살해범에게 잃은 그는 범인을 잡기 위해 노력 중인데 모든 기억을 10분밖에 지속할 수 없기 때문에 레니는 모든 중요한 내용을 즉석사진기에 찍고 직접 메모를 한다. 그리고 더 중요한 내용은 몸에 문신을 하여 메모를 한다. 그것만이 자신이 범인은 잡을 수 있는 방법이며 가장 확실하기 때문이었다. 그는 자신의 메모 이외에는 아무것도 믿지 않았다.

아인슈타인은 위대한 과학자이지만 자기 집 전화번호도 수첩을 보고 확인하곤 했다. 메모하면 될 텐데 쓸데없이 왜 머릿속에 기억하느냐는 말과 함께. 어느 날 기자가 아인슈타인을 찾아와서 여러 가지 질문을 했다. '실험실을 보여 주십시오.' 그랬더니 아인슈타인은 주머니에서 만년필을 꺼내어 보여 주었다. '이게 실험실입니다.'라고 하면서. 당황한 기자는 '그러면 가장 중요한 과학 장비는 뭡니까?'라고 물었다. 그러자 아인슈타인은 휴지통을 가리켰다. 어리벙벙한 표정을 짓는 기자에게 아인슈타인은 웃으며 말했다.

"나는 일상생활 중 머릿속에 뭔가가 떠오르면 그때마다 잊어버리지 않도록 만년필로 메모를 하고 골똘하게 생각합니다. 그러니 연구를 위해 따로 잘 차려진 실험실이 필요 없지요. 다만 내겐 그것을 적고 계산할 수 있는 만년필과 필요 없는 메모지를 버릴 수 있는 휴지통만 있으면 됩니다."

발명왕이라고 불리는 에디슨은 또 어땠는가. 에디슨은 정규 교육을 3개월밖에 받지 못했다. 그 이유는 에디슨이 다니던 학교는 질문이 금지되어 있었는데 에디슨이 자꾸 질문을 하자 학교에서 퇴학을 시킨 것이다. 에디슨은 이해 많은 어머니 곁에서 자랐고 어머니 곁에서 항상 실험을 했다. 그는 독서광으로서 어릴 적에만 약 2,300여 권의 책을 읽었다고 한다. 에디슨은 메모광으로서 보고 들은 것을 수첩에 꼼꼼하게 기록했다. 그가 죽은 후 발견된 수첩은 무려 4,200개나 되었다고 한다.

그렇다. 아인슈타인의 말처럼 세상에서 가장 중요한 아이디어 공장은 만년필이다. 그걸로 늘 메모를 하고 생각하고 다시 고쳐 쓰고 하는 와중에 아이디어는 발전한다.

아이디어는 언어 지향적이다. 어떤 생각이든 일단 글로 표현하고 나면 그것은 정리되고 발전의 기회를 제공한다. 일단 언어로 표현하고 나서 그다음에 그림이 되든 설계도가 되든 다른 것으로 발전하는 것이다. 아인슈타인이나 에디슨 같은 천재의 행적을 보면 이 주장에 공감을 할 것이다.

나도 메모를 잘하는 편이다. 집에는 그동안 이것저것 메모를 해둔 노트가 수십 권이 된다. 그리고 수시로 그것을 아무 페이지나 펼쳐 본다. 지금도 차 안이나 내 방, 혹은 내 사무실 또 가방 안에 여러 권의 작은 노트들이 있다. 주머니 속에도 늘 작은 수첩을 넣어 다니며 수시로 생각나는 것을 기록한다. 나중에 보지 않아도 좋다. 기록하는 그 자체가 기억을 잘하게 해 주는 효과도 있으니까. 머릿속에 저장하는 것보다 메모하는 것이 훨씬 정확하고 편리하다. 포스트잇이란 제품은 이런 점을 이용하라고 나온 것이다. 책상 위나 자동차 안에 포스트잇을 던져 두고 생각나는 대로 메모를 하라. 그러나 포스트잇은 잃어버리기 쉬우므로 역시 수첩을 더 선호한다. 포스트잇에 메모를 해도 나중에 수첩에 옮겨 적는다.

오늘 당장 노트를 몇 권 사기를 권한다. 내 경험으로 노트는 줄이 없는 무지가 좋다. 그리고 가능하면 좋은 만년필이나 필기구를 준비하기 바란다.

나의 경험상 만년필과 연필로 쓰는 맛이 가장 좋고 만년필이 좋을수록 더 좋은 아이디어가 나오는 편이다. 물론 편리한 건 수성펜 같은 것이다. 나는 만년필이나 연필, 노트에 관해 욕심이 많은 편이다. 글을 잘 쓰는 사람이나 카피라이터들을 보면 대개 그런 욕심을 갖고 있다는 것을 유의하라. 내가 갖고 있는 만년필은 몽블랑이다.

34. 스케치를 하라

다섯 살 어린이가 표현한 태극기 스케치. 아직 미숙하지만 이런 스케치를 통해 상상력이 발달하고 표현력이 좋아진다.

세계적인 발명품도 작은 스케치에서 출발했다는 점을 잊지 말자!
핵심적인 내용을 스케치하는 습관이 우리에게 필요하다.

암스테르담은 내가 가 본 유럽의 도시 중 가장 마음에 드는 곳
이었다. 운하가 가로 세로 놓여 있고 그 사이사이에 고풍스러운 건물
들이 역사를 말해 주고 있는 곳이어서 슬슬 거리를 걷는 재미가 좋
다. 나는 그곳에서 안네의 일기로 유명한 안네프랑크 하우스도 가 보

고 고흐 미술관도 가 보았다. 호텔을 나와 트램Tram을 타고 고흐 미술관을 가는 날은 무척 설레었다. 여성 기관사가 운전하는 트램을 타고 미술책에서나 보던 고흐의 작품을 직접 만난다는 흥분을 감출 수가 없었다. 고흐 미술관의 작품 중 어느 하나라도 감동스럽지 않은 것이 없었지만 특히 눈에 띈 것은 고흐가 스케치한 원본과 그것을 완성시킨 작품을 나란히 전시해 놓은 것이었다. 고흐는 연필은 물론이고, 갈대를 깎아 만든 펜이나 목탄, 흑연을 사용해서 그림을 그렸는데 자신의 그림들을 본뜬 데생을 하기도 했고, 편지에 스케치를 그려 넣기도 했다. 독립적인 작품으로든 다른 작품의 밑그림으로든 그는 항상 데생을 했던 것이다.

나와 친분이 있는 어느 동양화가와 한때 같이 여행을 많이 했다. 여행을 하면서 그는 늘 스케치북을 들고 스케치를 하든가 급할 경우에는 카메라로 풍경을 찍어 두었다. 월악산을 갔을 때였다. 내가 열심히 산 풍경을 찍을 동안 그는 스케치북을 꺼내어 산 모습을 여러 가지로 그렸다. 그리고 나중에 그걸 보면서 그림을 완성시켰다. 그때 스케치한 그의 그림을 본 적이 있는데 산의 모습이 생생하게 살아 있었다. 그의 작품 중의 하나가 내 방에 걸려 있는데 그 그림만 봐도 산속에 있는 느낌을 준다. 그런데 그의 스케치 속도는 대단한 것이었다. 하얀 종이를 펴고 그냥 쓰윽 그리면 산 모양도 나타나고 나무 모습도 생겨났다. 길가의 강아지도 금방 그의 스케치북에 등장했다. 내가 놀라서 묻자 자꾸 스케치를 하다 보면 요령도 늘고 속도도 빨라진다고 했다. 그의 말대로 나도 스케치를 자주 했다. 그러다 보니 역시 속도가 생겼다. 지금 나의 스케치 속도는 대단히 빠른 편이다.

그래서 나의 수첩에는 글만 있는 것이 아니다. 여러 가지 그림도 있다. 여행을 가면서 그 지방의 지도를 내 나름대로 그려보기도 하고 오래된 사찰의 그림을 그려보기도 한다. 오며가며 만난 사람들 표정도 그려놓기도 하고. 그러다 보니 나의 스케치 속도뿐만 아니라 중요한 포인트가 무언지도 잘 파악하는 능력도 생겼다. 핵심만 잘 스케치해 놓으면 나중에 그걸 보고 글을 쓰거나 아이디어를 내는데 상당히 도움이 된다.

카피라이팅 일을 하는 나로서는 내가 광고해야 할 제품과 그걸 사용하는 사람들을 스케치하기도 하고 TV-CM과 인쇄광고의 아이디어를 스케치한다.

소위 말하는 썸네일Thumbnail이라는 것이 있는데 원래 엄지손톱을 뜻하는 말이지만 흔히 작은 그림도 썸네일이라고 한다. 내 수첩 속에는 그런 썸네일이 무척 많다. 아주 작은 그림 속에 내 생각과 아이디어와 스토리를 넣어 두는 것이다.

좋은 글을 쓰는 방법은 여러 가지가 있지만 글을 읽는 사람이 명확한 글이 좋은 글이다. 그런 글을 읽기 쓰기 위해서는 글을 읽을 사람을 스케치해 두고 그를 보면서 글을 써 보라. 그러면 명확한 글이 될 것이다.

직장인들이 고민하는 기획서나 보고서를 작성할 때에도 마찬가지다. 그 글을 볼 사람을 스케치하여 책상 앞에 붙여 두고 글을 써 보라. 그러면 보고서나 기획서는 더 명료하게 될 것이다. 아이디어도 마찬가지다. 누가 이 제품 혹은 서비스를 받을 것인가를 그림으로 표현해 두고 아이디어를 전개하라. 그러면 훨씬 정확하고 손에 잡히는 아이디어가 될 것이다.

그리하여 당신은 스케치력을 키울 필요가 있다. 잘 그려야 한다는 것은 아니지만 자신의 생각을 그림으로 표현은 되어야 한다. 만화책이나 스케치에 관한 책을 사서 연습하면 더욱 좋다. 몇 년 전 어느 지방대학교에 대한 TV프로그램을 본 적이 있다. 그 학교의 산업디자인학과는 고등학교 때부터 그림을 전공하지 않아도 전공수업에 무리 없이 참여할 수 있도록 했는데 그 이유는 그 과의 교수가 개발한 스케치 연습방법 때문이었다. 투명하거나 혹은 반투명인 트레싱지를 스케치하고자 하는 잡지 그림이나 사진 위에 놓고 따라 그리는 것이다. 처음에는 이미 있는 그림을 모방에서 시작하지만 점차 자신만의 스케치를 만들 수 있고 색깔과 디자인 구성요소를 첨가하여 자신만의 디자인 작품으로 만들어 가는 것이다. 오늘 트레싱지를 몇 장 사서 연습해 보라. 트레싱지를 이용한 스케치 연습은 꽤 효과가 있다.

그림으로 그 사회의 시대상이나 자신의 감정을 나타낸 화가들도 많다. 우리나라의 천재화가 이중섭은 일본에 떨어져 있는 가족을 그리워하며 편지를 쓸 때 꼭 그림도 같이 그려 넣었다. 아들이 그림을 그려 보내 주면 그 그림에 대해 칭찬을 해 주기도 했다고 한다. 이중

섭에게 그림은 화가와 가족의 교감을 나눌 수 있는 중요한 수단이 되었던 것이다. 또 그림 그릴 종이가 없어 버려진 은박지에 그림을 그리곤 했는데 은박지 그림은 지금 대단한 가치를 지닌 작품으로 인정받고 있다.

늘 스케치하라. 친구에게 가족에게 연인에게 스케치 편지를 보내라. 나중에 당신의 스케치가 대단한 작품이 될지 누가 아는가.

레오나르도 다 빈치는 르네상스를 대표하는 화가이자 과학자다. 그가 살던 시대에는 인간의 신체를 해부하는 것이 금지되어 있었지만 그는 죽은 시체를 해부하여 정확한 인체의 해부도를 그려놓았고 혈액순환에 대해 연구하여 동맥경화에 대해 알아냈다. 당시 그가 그려놓은 인체 해부 그림은 인체묘사와 의학의 발전에 큰 영향을 끼쳤다.

또한 새가 나는 모습을 자세히 관찰하고 스케치를 하여 그것을 응용하여 글라이더 모형을 만들기도 했는데 이 모형은 동력 문제만 빼면 현대의 항공원리를 대부분 완성시킨 대단한 것이었다. 스케치의 힘이다.

세계적인 발명품은 작은 스케치에서 출발했다는 점도 잊지 마시길! 또 누가 아는가? 당신의 아주 작은 스케치가 훗날 대단한 발명품이 될지.

35. 노래를 불러라

강원도 태백에서 발견한 고물 피아노. 저 피아노는 얼마나 많은 음악
을 연주했을까? 기능은 사라져도 보는 것만으로도 음악이 연상된다.

어린이를 위한 제품이나 서비스 혹은 마케팅을 하는 사람이라면
동요를 연구할 필요가 있다.
동요는 가장 쉬운 가사와 멜로디로
가장 깊은 감동을 줄 수 있는 노래다.

아이들이 동요를 개사해서 친구를 놀리던 장면이 생각난다. 주

로 짓궂은 남자아이들이 여자아이들을 놀리기 위해 개사된 것들이다. 예를 들면 '미루나무 꼭대기에 조각구름이 걸려 있네. 솔바람이 몰고 와서 살짝 걸쳐놓고 갔어요.'라는 흰구름이라는 동요의 가사를 개사해서 '미루나무 꼭대기에 영희 팬티가 걸려 있네. 솔바람이 몰고 와서 살짝 걸쳐놓고 갔대요.'라며 놀려댔다. 송아지 노래를 활용해서 친구를 놀리는 것도 있다. 반복의 원리를 이용한 것인데 친구에게 '송아지 송아지 얼룩송아지 엄마소도 얼룩소 엄마 닮았네.' 하는 송아지 노래를 5번 정도 부르게 한 후에 개나리 노래를 부르라고 한다. 그럼 친구는 똑같은 리듬의 개나리 노래를 부르게 된다. '개나리 개나리 얼룩개나리'라고 부르는 것이다. 그러면 아이들이 까르르 웃는다. 동요는 그만큼 우리 몸에 익숙해지기 쉬운 노래다.

　　노래로 여자의 사랑을 얻은 이야기는 참 많다. 드라마로도 제작되기도 한 〈서동요〉라는 것도 바로 그런 것이다. 백제 무왕이 소년시절에는 서동이었는데 신라의 선화공주를 얻으려고 지어 부른 노래가 서동요로 전해 온다. 서동요는 향가 형식인데 현재 전해오는 것 중 가장 오래된 향가로 평가받고 있다. 향가는 한자와 우리말을 절묘하게 결합하여 표현하는 형식이다.

　　　　선화 공주님은(善花公主主隱)

　　　　남몰래 사귀어 두고(他密只嫁良置古)

　　　　서동방을(薯童房乙)

밤에 몰래 안고 가다(夜矣卯乙抱遺去如)

　　이런 내용으로 되어 있는 이 노래를 유행시켜 사람들의 입에 오르게 되었고 결국 서동은 선화공주와 결혼을 하게 되었다. 아름다운 한 편의 드라마 같은 이야기이다. 노래가 얼마나 전파의 힘이 강하며 설득의 힘이 큰지 보여 주는 사례이다. 하기야 서구에서도 사랑의 노래인 세레나데가 발달되어 연인의 창가에서 이 노래를 부르고 사랑을 이루는 이야기가 많다. 지금도 이런 풍습은 전해 내려오고 있다. TV 오락 프로에도 남자가 여자에게 구애하기 위해 노래를 부르는 장면들이 많이 나온다.

　　남자에 비해 여자는 청각적인 자극에 약한 편이다. 여자의 마음을 얻으려면 목소리 좋은 남자가 유리하며 노래를 잘 부르는 것이 큰 도움이 된다. 노래를 못 부르면 배경음악이라도 잘 활용하면 좋다.

　　노래란 말소리에 곡조를 붙인 음악의 한 형태로써 악기의 반주 여부는 노래의 구성요소가 아니다. 일단 곡조가 붙은 말소리는 어느 것이나 노래로 여겨진다. 노래라는 한국어의 어원은 '놀다'라는 동사의 어간 '놀' 명사형접미사 '애'가 붙어서 만들어진 것으로서 고대사회에서의 주술신앙과 관련을 가진 것으로 짐작된다. 고대의 주술신앙이라는 것은 곧 일종의 놀이 형태를 띤 것이기 때문이다. '놀다'라는 데에서 어원이 생겨서인지 현재도 노는 상황에서 늘 노래가 등장한다. 노래 자체가 하나의 놀이인 셈이다.

노래에 얽힌 드라마틱한 스토리가 있는 영화가 〈글루미 선데이 Gloomy Sunday〉이다. 이 노래는 헝가리 무명 피아니스트인 레조 세레스 Rezso Seress에 의해 1933년에 작곡되었다. 가사는 시인인 라스즈로 자보Laszlo Javor에 의해 만들어졌는데 1936년까지는 별로 사람들의 관심을 받지 못했다. 그러나 이 노래 때문에 자살하는 사람이 많아지면서 화제가 되었고 이 곡의 연주가 금지되기도 했다.

이 곡을 듣고 젊은이들이 하나둘 자살하기 시작했는데 결국 8주라는 짧은 기간 동안에 헝가리에서 187명을 자살로 내몰게 된다. 역사상 가장 충격적인 콘서트라고 불리는 것이 1936년 4월 30일 프랑스 파리에서 세계적인 레이 벤츄라 오케스트라 콘서트로 열렸는데 '글루미 선데이'를 연주하던 단원들은 드럼 연주자의 권총 자살로 시작하여 연주가 끝난 후 한 사람도 살아남아 있지 않았다고 한다. '수백 명을 자살시킨 노래'라는 타이틀을 달고 1935년 「뉴욕타임스」는 '글루미 선데이' 특집을 다루었는데 그 이후 '글루미 선데이 클럽'이 우후죽순처럼 생겨났다. 샤넬 향수로 유명한 코코 샤넬은 이 노래에서 영감을 얻어 '피치 블랙-죽음의 화장품'을 출시하기도 했다.

무명의 작곡자 레조 세레스는 이 일로 비운의 천재라는 칭호까지 받게 된다. 결국 그도 '글루미 선데이' 작곡 후 손가락이 점점 굳어지게 되고 고소공포증이 있음에도 불구하고 고층 아파트에서 투신자살하였다. 저주 받은 노래라고도 하는 '글루미 선데이'는 1999년 롤프 슈벨 감독에 의해 영화로도 만들어졌다. 이 믿을 수 없는 실화를 바탕으로 만들어졌다. 노래의 힘이 얼마나 큰지 보여 주는 실화다.

사람들은 기쁠 때도 슬플 때도 노래를 한다. 힘겨운 노동을 할 때도 노동요를 불렀다. 노래는 마음을 달래주고 순화시켜 주는 힘이 있기 때문에 슬프거나 힘이 들 때 위안이 된다. 교보생명이 위로가 되는 노래 시리즈의 광고를 선보여 많은 사람들의 공감을 샀다. 백 마디 말보다 한 곡의 노래가 더 감정을 전달하는 힘이 있기 때문이다.

나는 어느 대학교의 광고에 양희은이 부른 '네 꿈을 펼쳐라'를 활용하여 훌륭한 크리에이티브를 만든 적이 있다. 김도향의 '난 참 바보처럼 살았군요' 노래도 세제광고의 아이디어로 썼다. 바나나우유 광고에는 어린이의 슬픈 눈을 보여 주면서 김창환의 노래 가사를 활용한 것이 있다. '그런 슬픈 눈으로 나를 보지 말아요.'라는 가사는 화면과 잘 어울려 기막힌 아이디어로 승화되었다.

노래의 힘을 잘 활용하기 위해서는 우선 여러 가지 음악에 대해 조예가 깊어야 한다. 우선 우리나라의 판소리 같은 국악부터 알아 두는 것이 좋다. 그리고 가요, 동요, 팝송, 상송, 각국 민요, 클래식, 영화음악, 뉴웨이브뮤직 등 다양한 음악을 많이 알고 수시로 음악을 듣고 노래를 불러 보라. 그 속에 미처 깨닫지 못하던 생각들이 존재하고 있다. 노래는 그 시대상을 표현하는 것이고 그 시대를 살아가는 사람들의 감정을 가장 잘 표현한 것이기 때문이다.

36. 영화를 보라

영화 〈빠삐용〉의 포스터. 자유를 갈구하는 인간의 집념을 잘 표현한
명작 영화로 인기를 끌었다.

영화 안에는 내가 경험하지 못하는
다양한 삶의 모습이 담겨 있다.
삶이 무엇인지 생각하게 해 주는 영화 빠삐용,
나는 이 영화를 세 번이나 봤다.

영화 〈빠삐용〉은 1973년 프랭클린 J. 샤프너 감독에 의해 만들어졌다. 스티브 맥퀸과 더스틴 호프만의 연기가 돋보인 이 작품은 세계적인 히트작이 되었고 이 영화의 장면을 패러디한 광고가 많이 나오기도 했다. 우리나라에서도 바퀴벌레약 광고에 이 영화가 쓰이기도 했는데, 영화 속에서 주인공이 바퀴벌레를 잡아먹어 목숨을 이어가는 데 바퀴벌레약 때문에 곤란을 당한다는 유머를 가미한 광고였다.

나비라는 의미를 가진 빠삐용은 자유에 대한 끊임없는 갈구를 표현한 것으로서 명작이라고 손꼽아도 전혀 과장이 아니다. 사람으로 태어나서 살아가는 것이 무엇인지 생각하게 해 주는 이 영화를 나는 여러 번 봤는데 볼 때마다 감회가 달랐다. 책이나 영화의 고전작품은 볼 때마다 느낌이 다르다. 좋은 영화를 많이 봐야 하는 것은 바로 이 때문이다.

영화는 간접경험을 풍부하게 해 주고 생각의 깊이를 더 깊게 해 준다. 우리는 직접경험과 간접경험을 통해 사고력이 발달되고 판단력이 생기며 감성이 풍부해진다. 직접경험이 가장 좋지만 모든 걸 다 직접경험할 수 없다. 따라서 간접경험을 해야 하는데 간접경험도 잘해야 한다. 좋은 책이나 의미 있는 영화를 보는 것은 간접경험 중 가장 훌륭한 것이다. 영화평론을 보고 시대를 뛰어넘는 좋은 영화를 선택하여 열심히 보라. 나는 집이나 사무실에서 케이블TV나 컴퓨터로 많은 영화를 본다. 커다란 모니터도 마련했다. 하루에 한 편 이상 보는 편이다. 영상과 음악이 중요한 역할을 하는 영화는 극장을 가거나 DVD를 통해 감상한다. 영상과 음악은 그 자체로 훌륭한 생각의 뼈대가 되기 때문이다.

영화는 인생을 표현한 예술이다. 그 안에는 내가 경험하지 못하는 다양한 삶의 모습이 담겨 있다. 현실에 없는 이야기의 상상세계가 펼쳐지기도 한다. 아마 가장 짧은 시간에 가장 많은 경험을 하게 하는 것이 영화가 아닐까? 그러므로 영화를 본다는 것은 그만큼 경험이 풍부해진다는 것을 의미한다. 다시 강조하거니와 영화를 많이 보라. 남들이 좋다 안 좋다고 하는 평을 너무 믿지 말고 자신이 보고 싶은 영화를 열심히 보라. 다만 할리우드식 영화만 고집하지 말고 제3세계의 영화도 보라고 권한다. 폭력과 SF, 섹스와 코미디만 있는 영화도 좋지만 진솔한 인생의 이야기를 담은 영화가 참 많이 있다. 흔히 예술영화라고 하는 것에 관심을 가지길 바란다. 또는 단편영화에도 관심을 가지길 바란다.

최근 영화도 좋지만 흘러간 명작을 보는 것도 큰 도움이 된다. 요즘은 DVD나 영화파일이 발달되었으므로 명작을 구입하여 보관하면 좋다. 가능하면 극장에서 보는 것이 좋고 옛날 영화는 DVD와 제대로 된 홈시어터로 봐야만 영화의 맛이 난다. 홈시어터에 투자하는 것은 자신의 발전에 투자하는 것이다. 극장에 갈 시간이 없거나 형편이 안 되면 컴퓨터로 보라. 간접경험이지만 인생경험이 풍부하면 할수록 자신의 인생도 풍부해지기 마련이니까.

영화 이야기 하나 더 하자. 잘 알고 있겠지만 〈바람과 함께 사라지다〉 역시 명작이다. 미국 남북전쟁 당시 미모와 용기를 가진 스칼렛의 이야기를 다룬 소설을 영화한 것이다. 이 영화는 재미도 있거니와 미국 역사를 이해하는 데 큰 도움이 된다. 사람들의 생각과 생활풍습을 이해할 수 있는 영화는 그래서 가치가 있다. 이 영화에서 가장 유명한 장면은 주인공들의 키스 장면인데 이 장면을 패러디한 동성애 필름 페스티벌 포스터가 나오기도 했다.

우리나라의 영화산업은 최근에 대단히 발전했다. 천만 명 이상의 관객을 돌파한 영화도 많고 외국으로 수출도 했다. 또 〈대장금〉이나 〈태양의 후예〉 같은 드라마도 한류 열풍을 일으키며 세계로 뻗어 갔다. 드라마도 영화 못지않게 우리의 간접경험을 풍부하게 해 주는 것이다. 물론 구성이나 주제가 형편없는 드라마도 많지만 좋은 드라마를 잘 골라서 보는 지혜가 필요하다. 일본이나 중국, 동남아 등에서 우리나라의 드라마가 인기를 끄는 이유가 뭔지 분석해 보라. 왜 외국인들은 〈태양의 후예〉의 송중기에게 환호하는가? 중국인들은 무슨 이유로 〈대장금〉에 몰두했는가. 베트남에서는 어떤 계기로 연예인을 좋아하는가.

중요한 것은 영화를 보면서 중요한 장면이나 매력적인 대사를 메모해 두라는 점이다. 이 메모는 나중에 많은 쓸모가 생긴다. 영화 속에 나오는 장면과 대사가 곧 아이디어이기 때문이다. 유명한 장면과 대사는 사람들이 좋아하는 것이기 때문에 더더욱 가치가 있는 것이다. 영화나 드라마 속의 말맛이 나는 대사를 잘 기억해 두라. 그 대사들은 곧 인생이며 삶의 지혜가 되는 동시에 남을 설득할 수 있는 도구가 된다.

　또한 영화나 드라마 속에 나오는 의상이나 소품들이 하나의 트렌드를 형성하기도 한다. 우리가 흔히 즐겨 입는 청바지도 사실은 1800년대 미국이 금광개발로 성시를 이루고 있을 때 리바이스 스트라우스가 염색 불량으로 납품하지 못한 푸른색의 천막용 텐트를 개조하면서 시작된 것인데 1950년대 젊은이들의 우상이었던 제임스 딘이 〈이유 없는 반항〉이라는 영화에서 청바지를 입고 출연하면서부터 새로운 패션의 주류가 된 것이다.

37. 여행을 하라

오래전 베트남 북부 박하에서. 소수민족들이 사는 곳으로 일요일이면 시장이 열려 여러 소수민족들이 모이는 곳이다.

여행은 직접경험이기 때문에 가장 가치 있는 일의 하나다.
여행을 하면 색다른 경험은 물론 많은 생각을 하게 한다.
가능하면 많은 여행을 하라. 되도록 자유여행을 하라.

이 책 원고를 다 쓰고 나면 어쩌면 나는 부탄에 가 있을 것이다.
십여 년 전부터 시작된 인도차이나 반도 여행의 마지막 남은 곳이 부
탄이기 때문이다. 나는 최근에도 베트남과 태국은 물론 캄보디아, 라

오스, 미얀마, 네팔 등을 다녔다. 작년에는 '라오스 여행 에세이'를 출판하기도 했다. 예전에는 주로 유럽이나 일본을 잘 다녔는데 최근에는 동남아를 좀 더 알고 싶고 남방불교문화에 관심이 많아 인도차이나반도의 탐구를 계속했다. 한국보다 훨씬 더 뜨거운 여름날의 이국 땅도 여행에의 열정을 막을 수 없었다. 낯선 풍광, 다른 세상의 사람들, 경험하지 못한 음식, 신비한 음악, 역사의 손때가 묻은 유적지, 사원과 승려들의 미소. 여행의 중독은 쉽게 사람을 풀어 주지 않는다.

특히 오래전에 다녀온 미얀마는 잊을 수 없다. 생각보다 훨씬 도시다운 수도 양곤, 금빛으로 빛나던 쉐다곤 탑, 유네스코 문화유산 도시 바간의 수천 개 탑들, 미얀마의 제2도시 만달레이의 화려한 사원들, 인레 호수의 물길과 거기에서 사는 사람들. 미얀마 여행에서 잊을 수 없는 것은 미얀마 사람들이었다. 그들은 친절하며 명랑하고 슬기롭고 자부심이 높았다. 그들과 함께 보낸 날들은 내 소중한 경험이며 내 생각의 에너지가 되고 있다. 미얀마 여행을 통해 나는 미얀마의 역사와 문화를 더 깊이 이해할 수 있었고 그들의 삶의 방식을 통해 지혜를 얻을 수 있었다. 아마 내 다음 책은 '미얀마 여행 에세이'가 될 것이다. 미얀마 여행 계획도 이미 있다.

여행에서는 색다른 경험은 물론 많은 생각을 하게 한다. 네팔을 처음 찾았을 때가 십수 년 전이다. 며칠 동안 고산지대를 트레킹하며 참으로 많은 생각을 했다. 내 지나온 날들과 내 삶에서 만났던 사람들, 그들과의 대화와 감정들을 모두 생각했다. 히말라야를 보기 위해 카메라와 렌즈가 든 무거운 배낭을 메고 거머리에 팔다리를 물려가며 오르던 산. 마침내 비가 개이고 여름날에는 거의 볼 수 없다는 가이드의 걱정이 있었지만 히말라야의 장관을 보게 된 7월말의 이른 아침. 나는 카메라를 들고 구름 위로 솟구친 에베레스트와 랑탕히말 그리고 마나슬루봉을 바라보며 가슴 뭉클한 감동에 젖었다. 그렇게 힘들었던 트레킹도 그 순간에 모두 잊을 수 있었고 에베레스트를 황금빛으로 물들이는 일출을 보는 순간 내 깊은 곳에서 에너지가 솟구치는 걸 느꼈다.

여행은 에너지를 준다. 여행은 새로운 아이디어를 준다. 여행은 자신을 돌아보게 만드는 시간을 주며 생각의 폭과 깊이를 확대시켜 준다. 잊지 마라. 앞서가는 사람들은 여행을 좋아한다는 사실을. 사람의 에너지가 넘치는 사람들과 도전에서 이기는 사람들은 모두 여행을 간다는 사실을. 자식을 낳으면 여행을 보내라고 충고하는 현인도 많다는 걸 잊지 마라. 무엇보다 자신을 여행 보내라. 놀랍고 용기 있는 여행가의 정열을 배워라.

이런 사례가 있다. 고등학교 친구와 대학 동기로 만난 세 청년. 그들은 자신들의 전공을 살려 뭔가 큰일을 하고 싶었다. 그 꿈의 밑그림이 그려진 것이 바로 셋이 함께한 제주도 여행에서였다. 그들은 제주 여미지 식물원과 백합 배양 센터를 둘러보고 식물과 관련된 사업을 해 보자는 아이디어를 얻고 뜻을 모아 사업을 시작했고 성공했다. 생경한 분야에서 성공할 수 있었던 것은 제주도 여행 때 경험했던 일들이 큰 에너지가 되었기 때문이다.

일야구도하기一夜九渡河記라는 글이 있다. 박지원의 중국 여행기인 〈열하일기熱河日記〉 중 '산장잡기山莊雜記'에 들어 있는 글로써 '하룻밤 사이에 아홉 번 강을 건넌 기록'이라는 글이다. 이 글에서 박지원은 시냇물 소리를 통하여 감각기관과 마음의 상관관계를 설명하고 있다. 시내를 건너며 귀에 들려오는 물소리가 상황의 변화에 따라 다르다는 사실을 경험적으로 인지하고, 이를 통하여 우리가 행하는 인식의 허실을 지적하고 있다.

박지원은 인생은 시내를 건너는 것보다 더 크고 더 험한 강을 건너가는 것과 같다. 자신의 몸을 닦고 자신의 총명함에 의거하여야 한다고 했다. 감정을 배제한 이성적인 인식을 궁극적으로는 삶을 영위하는 데까지 확충하여 이용하여야 한다고 했다. 〈열하일기〉를 읽어 보라. 자신의 도강渡江 체험과 평소 관찰을 바탕으로 깊은 인생의 진리를 자연스럽게 이끌어 낸 훌륭한 글로써 주어진 생활의 현상에만 얽매여 진실을 깨닫지 못하는 현대인에게 귀감이 되는 글이기 때문이다. 〈열하일기〉는 여행에서 얻은 귀중한 지혜를 담은 책이다.

여행을 할 때는 반드시 카메라와 노트 그리고 지도를 준비하고 여행 목적지에 대해 꼼꼼히 자료를 찾아라. 그래야 여행의 가치가 두 배 세 배 높아진다. 나는 여행할 나라의 문화, 역사, 유적지, 문화, 언어 등 많은 자료를 찾고 이를 공부한다. 국내여행을 할 때도 마찬가지다. 미리 연구하고 여행을 하면 여행의 가치가 훨씬 높아진다.

또 여행지는 남들이 많이 가는 곳보다 남들이 가지 않는 곳을 택하라. 나는 우리나라의 오지여행을 많이 한다. 특히 올해는 오지를 찾아다니기로 작정을 했다. 외국여행도 나는 오지를 즐겨 찾는다.

해마다 연초에 여행계획을 수립하라. 한 해 동안 다닐 곳을 가장 좋은 시기별로 선정하고 미리미리 준비하라. 여행비도 미리 조금씩 저축하면 여행 시에 큰 부담이 되지 않는다. 돈과 시간이 없다는 것은 핑계에 불과하다.

나의 경우는 일 년에 한두 번 외국여행을 계획하며 국내여행은 매월 하는 편이다. 물론 주말마다 가까운 곳으로 카메라를 메고 떠난다. 그리고 내 책상 위에는 봉투가 몇 개 있는데 그중 하나는 여행정보에 관한 자료를 모아 두는 곳이고 다른 하나는 여행비를 틈나는 대로 저축해 두는 봉투다.

38. 사진을 찍어라

미얀마 시골에서 만난 여인. 강렬한 눈빛으로 모델이 되어 주었다. 사진은 낯선 사이를 친근하게 만들어 주기도 한다. 풍경도 좋지만 사람을 많이 찍어라.

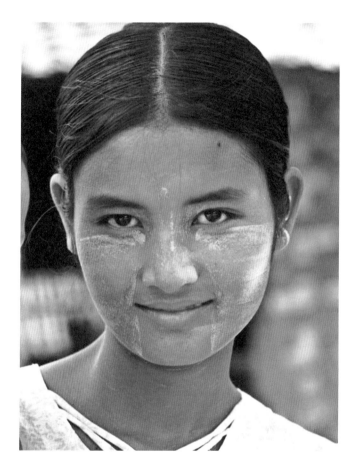

카메라는 과거를 현재에 저장하는 특성이 있다.

사진의 기술을 배우고 카메라를 준비하라.

카메라에 담아 정리하고 살펴보면

놀랍고 다양한 생각들이 숨어 있다.

요즘은 디지털 카메라가 많이 나와서 여간 편리한 게 아니다. 필요할 때는 언제든지 사진으로 메모를 하기 좋다. 찍고 나서 바로 확인이 되고 필요 없는 건 지우면 되니 여행을 좋아하는 사람은 물론 새로운 사업을 구상하거나 아이디어가 필요한 사람들에게는 필수적인 물건이다. 물론 작품 사진을 추구하면 DSLR 같은 고급 기종을 가져야 하겠지만 엔간한 사진은 몇십 만원짜리 디카면 충분하다. 요즘은 디카가 무척 발달되어 성능이 좋다. 나에게도 캐논과 소니 등의 카메라가 있다. 렌즈도 기능별로 세 개를 준비하고 있다. 내 카메라 가방에는 카메라, 렌즈, 보조 배터리, 메모리 카드는 물론 수첩도 있다. 차 트렁크에는 삼각대가 있다.

　　물론 전에 쓰던 필름 카메라도 세 대가 있다. 이제는 주로 디카만 찍다 보니 필카는 거의 쓰지 않는다. 하기야 요즘은 휴대폰에도 카메라가 달리고 성능이 좋아졌으니 굳이 디카를 사지 않고도 그걸 활용해도 무난하다. 중요한 건 필요할 때 사진으로 남기고 메모를 하는 것이니까. 카메라가 있으면 집에 모셔두지 말고 자동차나 가방, 주머니에 넣어 다니도록 하라. 그리고 새로운 것을 발견하면 즉각 카메라를 대고 찍어라. 간판, 음식, 사람들 옷, 가게의 윈도우, 집, 동물들……. 특히 여행을 다니면 반드시 사진을 많이 찍어 두라. 세월은 가도 사진은 남는다. 머릿속 기억은 희미해져도 사진은 결코 희미해지지 않는다.

　　〈식객〉이라는 만화로 유명한 만화가 허영만은 늘 카메라를 들고 사진을 찍는다고 한다. 요리에 관한 만화책을 쓰면서 전문 요리사 못지않은 실력을 가지게 된 것은 전문가를 직접 찾아가서 이야기를 듣고 요리과정이나 재료 등을 사진으로 찍어 온다고 한다. 허영만의 만화를 한 번 보라. 인터넷에 만화가 올라와 있으니 굳이 책을 사지 않아도 볼 수 있다. 요리에 대해 해박한 지식이 있고 요리 그림이 실감이 나는 건 다 그의 노력 탓이리라. 허영만의 〈식객〉은 요리학원의 교재로도 사용된다고 하니 대단하지 않은가!

나의 제자 한 명은 야생화를 찍으러 다니고 있다. 그동안 수천 장의 사진을 찍고 야생화에 관한 책도 몇 권이나 읽고 연구해서 이제는 야생화 전문가가 되었다. 특히 그는 글 솜씨도 탁월하여 사진과 함께 멋진 글이 있어 읽는 이로 하여금 감탄을 자아내게 한다. 사진이 더욱 멋져 보이기도 한다. 만약 사진이 없었다면 그의 글맛은 적을 것이다. 제자의 전공과 직업은 사진과 야생화는 아니다. 사진과 여행을 좋아하고 야생화에 관심을 갖다 보니 그것이 취미가 되고, 취미가 새로운 아이디어가 되고, 새로운 직업이 될 수 있는 것이다. 요즘은 투잡 시대가 아닌가! 이런 취미가 곧 직업이 될 수 있다.

어떤 분야에 대해 연구를 하거나 기획을 해야 한다면 카메라를 들고 나서라. 그 분야의 모든 것을 카메라에 담아 정리하고 살펴보라. 거기에는 놀랍고 다양한 아이디어가 숨어 있다. 예를 들어 학생들의 패션에 대해 알고 싶으면 카메라를 들고 학교 앞을 찾아가 학생들의 모습을 찍어 보라. 그 사진 안에서 새로운 패션의 아이디어를 찾을 수 있다면 대단한 성과를 얻게 된다. 학생이나 교복만 관심을 갖지 말고 다른 옷들에도 관심을 가져 보라. 다양한 옷에 대해 관심을 갖고 사진을 찍고 자료를 찾다 보면 거기에서 새로운 패션의 아이디어를 찾을 수 있다.

사진작품을 많이 보는 것도 도움이 된다. SLR클럽 같은 사진 사이트나 사진전문가의 블로그를 살펴보면 정말 많은 사진을 만날 수 있다. 카메라 회사의 홈페이지 등에서도 많은 작품 사진을 볼 수 있다. 인사동이나 평창동에서 열리는 사진전에 가 보는 것도 사진에 대한 안목을 키우는 방법이다. 사진을 잘 찍으려면 사진학에 대해 기초부터 공부를 하는 것이 좋다. 학원엘 다녀도 좋고 책을 사서 혼자 독학해도 무방하다. 사진동호회에 가입하여 같이 사진을 찍으러 다니면 많은 걸 배우게 된다. 인물이나 풍경은 카메라로 어떻게 사진을 찍느냐에 따라 전혀 다른 가치를 가지게 된다. 특히 사람을 찍을 때는 사람에 대한 애정을 가져야 하고, 인간심리를 잘 표현하려면 심리학에 대해 공부를 하는 것도 도움이 된다. 사진 안에는 많은 아이디어와 힌트가 숨어 있다. 그걸 사냥하는 건 당신의 몫이다.

한 장의 사진은 역사의 흐름을 바꾸기도 한다. 우리나라 민주화의 역사를 만든 4·19혁명의 도화선이 된 것은 한 장의 사진이었다. 마산에서 데모하다 죽은 고등학생 김주열. 마산 중앙동 앞바다에 떠오른 김주열 군의 시신 사진을 지방신문에서 보고 마산 시민이 분노하였고 대규모 데모를 불러일으켰다. 이 사진은 결국 「동아일보」에도 실려 4·19혁명을 촉발시킨 계기가 되었다.

세계적인 사건도 한 장의 사진으로 남는 경우는 많다. 전쟁이나 인권 탄압의 현장을 찍은 사진은 사람들에게 분노를 일으키게 하고 역사를 바꾸는 원동력이 되기도 했다. 사진은 거짓말을 하지 않으므로 사람들은 사진을 믿고 분노하는 것이다. 보도사진연감 같은 걸 보면서 보도사진의 테크닉을 배우는 것도 좋다. 자연을 찍으려는 사람들에게는 내셔널 지오그래픽 잡지를 추천한다. 이 잡지에는 흥미로운 자연과 지구와 사람들의 모습이 생생하게 실려 있다. 하나의 작품이 사진 그 자체로써 훌륭한 예술이다.

관찰력은 좋은 사진을 찍는데 매우 중요한 요소다. 평소에 사물과 사람과 풍경에 대해 관찰력을 기르길 권한다. 사라져 가는 것에 대해서도 관심을 갖고 살펴보라. 사람들의 이야기와 표정을 연구하라. 그리고 오늘 당장 카메라를 들고 나가 사진을 찍어라. 그것이 가장 중요하다.

39. 사전을 괴롭혀라

이어령 교수의 〈문장백과대사전〉의 내용, 여러 항목에 대해 어록, 시, 묘사, 명언, 어휘 등이 수록되어 글을 쓰거나 기획을 할 때 도움이 된다.

사실 사전만큼 좋은 책도 없다.

세상의 지식을 가장 많이 담은 책이니까.

내 책상 위에는 커다란 국어사전과

이어령 교수의 〈문장백과대사전〉이 제일 가운데에 자리 잡고 있다.

　사전만큼 많은 정보를 담고 있는 책이 또 있을까? 사전은 의외
로 많은 정보와 지식을 주지만 또 의외로 잘 보지 않는 것이 사전이
다. 갖고 있는 사전을 한번 훑어보라. 몇 개나 갖고 있으며 그중 몇 개
나 잘 활용하고 있는지. 요즘은 컴퓨터로 사전을 찾아보니 더 없이 편
리하긴 하다. 지식검색이라는 걸 통해서도 여러 가지 지식과 정보를
얻을 수 있다. 인터넷을 검색하다 보면 새삼 세상 참 좋아졌다는 감

탄이 저절로 나온다. 컴퓨터로 보는 것과 종이책 사전은 효과 면에서 차이가 난다. 종이책이 낫다는 얘기다.

보통 사전이라고 하면 국어사전, 영어나 외국어, 한자(옥편) 등이 있고 속담사전, 고사성어사전, 고유어사전, 문장백과사전, 패션용어사전, 민속생활용어사전, 야생화사전 등 다양한 것들이 있다. 하기야 이 책도 아이디어사전이니 새로운 당신은 지금 새로운 사전을 손에 들고 있는 것이다.

국어사전에는 우리말의 뜻과 활용사례가 들어 있어 주로 이걸 이용하지만 국어사전도 활용하기에 따라 한자, 영어, 속담, 고사성어 등을 함께 찾아볼 수 있다. 사전기능을 넘어 다양한 지식을 담고 있는 셈이다. 좀 두껍더라도 좋은 출판사에서 나온 좋은 국어사전을 마련하고 국어사전을 잘 활용하라. 많은 힌트와 지식과 아이디어를 줄 것이다. 늘 책상 위에 두고 틈나는 대로 이리저리 넘겨 보면 재미도 있다.

영어사전도 마찬가지다. 단순히 단어만 찾아보지 말고 그 안에 있는 문장사례나 동의어 등을 찾아보면 재미있게 활용할 수 있다. 영어공부를 하려고 영어사전 작은 것을 들고 다니는 사람이 많다. 길을 걷거나 지하철을 타고 다니면서 아무 페이지나 넘겨 보는 것이 좋다. 처음부터 보려면 결국 중간에서 포기하는 경우가 많다

한자 사전은 보통 옥편이라고 하는데 이 역시 아주 필요한 것이다. 요즘은 한자를 배우는 사람이 적지만 한자를 알아 두면 여러 가

지로 좋다. 우선 한자는 글자가 표의문자이기 때문에 글자 한 자마다 의미가 있고 드라마가 담겨 있다. 한자사전을 볼 때 글자가 생긴 연유, 즉 상형인지 지사인지 회의인지를 살펴보면 재미도 있고 아이디어를 발견할 수 있다. 한자를 안다는 것은 그만큼 다양한 생각을 할 수 있는 기회가 생긴다. 많은 이야기가 농축된 것이 한자이므로 한자를 잘 모르면 지금이라도 한자를 배우길 바란다. 한자를 아는 것과 모르는 것은 생각의 깊이에서 차이가 난다.

속담사전이나 고사성어사전도 유용하다. 이런 것은 인터넷 자료에도 많이 있으니 사전을 사는 것도 좋지만 이 파일을 찾아서 컴퓨터에 저장해 놓고 수시로 열어보면 좋다. 속담이나 고사성어는 선인들의 지혜와 인생의 의미를 담은 것이 많기 때문에 잘만 활용하면 글을 쓰거나 새로운 기획을 할 때 큰 도움이 된다. 나는 고사성어나 속담 등에서 어떤 프로젝트의 콘셉트를 아주 적절하게 찾아내기도 한다.

내가 애용하는 사전 중의 하나인 문장백과대사전은 나처럼 글을 쓰거나 아이디어 발상을 하는 사람들에게는 무척 유용한 사전이다. 이 사전에는 어떤 단어에 대해 고전이나 소설, 속담, 숙어, 역사 등에서 찾은 문장을 수록한 것이라서 특히 인용할 때 많이 활용한다. 예를 들어 '사랑'이라는 단어를 찾으면 사랑에 관련된 시구, 소설 속의 문장, 에피소드, 격언 등이 소개되어 있다. 전에는 두꺼운 책이었지만 최근에 콤팩트한 것이 새로 나왔다. 반드시 마련하길 권한다.

요즘은 휴대폰으로도 편리하게 사전을 찾을 수 있으니 어디서나 쉽게 찾아볼 수 있어 좋다. 그러나 직접 손으로 종이를 넘기는 사전의 맛과는 사뭇 다르다. 종이사전을 넘겨 찾아야만 그 안의 지식이 내 머릿속으로 들어오는 느낌이 든다. 물론 나의 경우는 그렇다. 편한 대로 하면 된다. 중요한 건 사전에서 아이디어를 찾으라는 것이다. 사전을 가까이 두고 아무 페이지나 넘겨 보는 습관을 기르면 아이디어력은 몇 배나 커지기 마련이다.

사전을 비즈니스에 직접 이용한 사례가 있을까? 당연히 있다. 미국 콜로라도 주의 어느 카드사에서는 신제품 개발을 위한 아이디어를 얻기 위해 먼저 사전에서 '수축하다'라는 단어를 선택했다. 이 단어를 새로운 카드와 관련시켜 브레인 스토밍을 진행했다. 즉 '수축하다'라는 단어의 의미가 반영될 수 있는 아이디어를 찾기 시작했다. 수차례의 브레인 스토밍 회의를 한 결과 결국 이 회사는 셔츠 주머니 속에 넣을 수 있는 아주 작은 카드를 만들게 되었다. '수축하다'의 아이디어를 카드로 발전시킨 것이다.

또 '확장하다'라는 단어를 통해 아이디어를 얻기도 했다. 단어 '확장하다'가 주는 이미지에서 뭔가 커지는 것을 떠올리고, 점점 커질 수 있는 것은 풍선이라는 아이디어를 끌어내게 되었다. 그들은 카드 속에 풍선을 끼워 넣어 인기를 얻었다. 또 풍선과 더불어 이 단어에서 얻은 또 다른 '확장하다'의 아이디어는 결혼이나 생일 등 축하할 때 뿌려 주는 색종이 조각을 카드 속에 넣는것 역시 히트했다.

40. 신문/잡지를 보라

「이코노미스트」는 지식층이 많이 보는 잡지로 포지셔닝하고 있다. 이 잡지를 보는 것은 인터넷으로 얻는 정보와는 다른 깊이를 맛볼 수 있다.

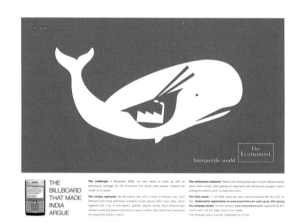

바쁘다면 신문이나 잡지의 헤드라인만 봐도 세상이 보인다.
중요한 것만 본문까지 읽으면 된다.
보는 것과 안 보는 것의 차이는 크다.

　잡지는 신문과 달리 들고 다니기도 좋고 책처럼 만들어져 편리하기도 하다. 신문은 일과성, 즉 한 번 보면 끝이지만 잡지는 신문보다는 보관성이 좋다. 또 다양한 분야를 다룬 유명한 잡지들이 많다.

그중 「이코노미스트」는 런던에서 발행되는 시사주간지로서 세계 유수의 시사지 가운데 하나로 손꼽힌다. 이 잡지는 1843년에 창간되었는데 '이코노미스트'라는 제호와 달리 경제뿐만 아니라 전 분야에 걸쳐 폭넓은 뉴스를 보도하며, 특히 세계경제와 관련된 국제정치의 전개와 전망에 관해서는 정평이 나 있다. 이 잡지의 기사는 일차적으로 기업가 및 투자가들을 대상으로 한 것이지만 정부 관리를 비롯한 다른 계층들도 폭넓게 구독하고 있다.

「이코노미스트」의 문체는 명료하고 영국뿐만 아니라 다른 여러 나라와 세계 전반에서 발생하는 정치·경제 문제들에 관해서도 자주 특집기사를 싣는다. 이 잡지를 보는 구독층은 사회의 인텔리층이라고 할 만하다. 그런 점을 노려서 만든 광고 중의 하나가 정자은행을 이용한 것이다. 「이코노미스트」 독자라면 언제든지 환영한다는 점을 강조하여 이 잡지의 구독을 자극하고 있다. 「이코노미스트」 독자라면 정직하므로 신고할 필요도 없다는 내용을 담은 광고도 있다. 말하자면 잡지를 보고 사람을 판단할 수 있다는 것이다.

잡지는 많은 정보를 담고 있다. 그 분야의 사람들이 전문적인 지식을 알려주는 것이므로 잡지를 보는 것은 생각 이상으로 유익한 일이다. 나는 광고전문 잡지와 여행 잡지를 주로 본다. 내 직업과 취미에 관한 것이므로 잡지에 투자하는 돈은 전혀 아깝지 않다. 그 잡지를 통해 많은 정보를 얻고 잡지를 구독하는 비용보다 몇 배의 이익을 얻을 수 있기 때문이다. 잡지는 말하자면 투자인 셈이다.

신문도 마찬가지다. 신문에는 보통 일간지라고 하는 것과 경제지, 스포츠지, 연예지 등 다양한 분야의 신문이 나오고 있다. 일간지야 누구나 하나는 보겠지만 전문적인 신문도 찾아보는 것이 도움이 된다. 전문분야의 신문은 뉴스성과 함께 잡지처럼 깊이 있게 내용을 다루기도 한다. 요즘에는 인터넷 잡지나 인터넷 신문도 인기를 끌고 있지만 종이에 인쇄된 정보의 맛과는 다르다.

요즘 신문을 보지 않는 젊은이들이 늘고 있다. 인터넷을 통해 다 아는데 뭐 하러 굳이 신문을 보느냐고 반문하는 사람도 많다. 그러나 종이에 인쇄된 신문은 그 나름대로의 가치가 있다. 신문을 꾸준히 보면 저절로 알게 된다. 인터넷만으로는 느낄 수 없는 그 무엇인가가 있다. 또 신문을 보아야 한눈에 세상 돌아가는 것을 알 수 있다. 바쁘다면 신문 헤드라인만 봐도 세상이 보인다. 중요한 것만 본문까지 읽으면 된다. 그러나 헤드라인은 꼭 다 읽길 바란다. 신문사 편집국에서는 그 헤드라인을 뽑으려고 머리를 감싸 쥐고 고통 받는 기자가 있다는 사실을 잊지 마라.

신문은 자신의 취향과 맞는 것 하나만 보면 된다. 백수가 아닌 다음에야 신문내용을 구석구석 다 볼 필요는 없다. 아이디어 발상법에 카탈로그법이 있다. 이것은 아이디어를 얻기 위해 주변의 책, 잡지 같은 것을 마구 뒤져 보는 것이다. 아이디어가 막히면 신문을 마구 뒤져 보라. 잡지를 마구 뒤져 보라. 그러면 생각 이상으로 아이디어를 얻을 수 있다.

나는 전에 영창피아노의 광고 아이디어를 신문에서 얻은 적이 있다. '맑은 소리 고운 소리 영창피아노'라는 씨엠송과 함께 오래전부터 영창피아노 광고에 관여했지만 영창피아노의 강렬한 이미지를 만들려는 요구에 부응하고자 나는 상당히 고심했다. 피아노와 음악, 예술에 대해 자료를 찾고 음악가에 대해서도 공부를 했다. 결국 나는 피아노가 아니라 음악, 나아가서는 예술혼을 광고에 담고자 하였고 이를 잘 나타내는 이미지를 찾으려고 신문, 잡지 등을 마구 뒤졌다. 그러다가 신문에서 보스니아 내전을 다룬 사진을 보는 순간 머릿속이 번쩍했다. 그때 고민하고 있던 영창피아노의 아이디어 영감을 찾은 것이다. 이 아이디어는 결국 영창피아노의 CF로 만들어졌고 광고상도 받았다. 전쟁터에서 아이가 피아노를 치는 그 광고 말이다.

전화기용 항균 방취 방향제를 개발하여 사업화에 성공한 어느 사업가는 우연히 읽은 신문기사에서 얻은 아이디어를 발명으로 연결, 사업화에 성공했다고 한다. 독감에 걸린 아이 때문에 걱정하고 있을 때 신문에서 '수화기에 2백여 종이 넘는 세균이 득실거려 감기나 중이염 암까지 유발할 수 있다.'는 기사를 읽었는데 그 순간 세균걱정 없이 마음 놓고 통화할 수 있는 수화기를 만들어 보겠다는 결심을 했다고 한다.

신문을 교육에 활용한 사례도 있다. 한때 논술교육에 큰 이슈를 불러일으켰던 NIE^{Newspaper In Education}. 이는 신문 활용교육으로서 1930년 미국의 「뉴욕타임스」가 신문을 교실에 배포하면서 시작되었다. 그 이후 청소년의 문자 기피현상이 갈수록 심화되고 학교 교육의 신문 활용의 필요성이 부각되자 1958년 미국 신문 발행인 협회가 NIE의 전신인 NIC^{Newspaper In the Classroom}가 논술교육을 주도하면서 전국으로 확산되었다. 우리나라에서도 1994년 한국 신문편집인협회가 교육부장관 앞으로 신문을 학교교육에 활용할 것을 건의하면서 처음 도입되었는데 「중앙일보」가 처음으로 NIE를 실시하였고 현재 10여 개 신문사가 직·간접적으로 NIE를 실시하고 있다. NIE를 통한 교육효과는 종합적인 사고 및 학습능력 향상, 창의력 증진, 독해 및 쓰기능력 향상, 논리성과 비판력 증진, 공동체에 대한 관심 및 적응능력 제고 등이다.

요즘은 인터넷으로 뉴스와 정보를 많이 접하는데 시간이 없다면 포털사이트의 주요 기사 제목만 훑어보라. 그것만 해도 세상이 돌아가는 뉴스와 사람들의 생각을 읽을 수 있다.

41. 속담을 써먹어라

강화도 전등사 입구의 돌다리. 옆의 길로 가도 되는데 굳이 이 다리를 건너고 싶은 마음이 생긴다.

돌다리도 두드려보고 건너라는 말이 있는데
요즘은 돌다리를 두드리면 손만 아프다는 농담도 있다.
자신의 생각을 표현하기 어려울 때 이미 존재하는
속담이나 격언을 활용하면
사람들의 감탄을 자아내는 표현을 할 수 있다.

일본의 어느 버터회사는 예수의 말을 인용하여 기가 막힌 카피
를 썼다.

'인간은 빵만으로 살 수 없다.(예수) 오 예! 맞아요. 버터가 있
어야죠.'

이 카피를 보는 사람은 모두가 빙그레 웃음을 짓는다. 인간은 빵만으로 살 수 없다는 말을 예수가 했다는 것도 잘 모르고 있었거니와 그걸 빵 외에 뭐가 또 필요할까? 생각했는데 갑자기 버터 이야기가 나오니 유쾌한 웃음을 터뜨리게 하는 것이다. 뭔가 형이상학적인 이야기가 나올 줄 알았는데.

폭스바겐은 독일이 만든 차로써 세계인이 모두 좋아하는 자동차이다. 폭스바겐은 성능이 뛰어나고 차체가 튼튼하다는 주장을 많이 했다. 그래서 차를 오래 사용할 수 있고 비록 폐차가 되어도 차체는 여전히 튼튼하다는 것을 강조하기 위해 폐차된 차체로 햄버거 가게를 하는 모습을 보여 주는 광고를 만들었다. 폭스바겐 웨건의 차체로 만든 햄버거 가게의 주인이 미소 짓는 사진을 보여 주고 카피는 '오래된 폭스바겐은 결코 죽지 않는다.'라고 쓰고 있다. 이 말을 많이 들어 보았을 것이다. 인천상륙작전으로 유명한 맥아더 장군의 '노병은 죽지 않는다. 사라질 뿐이다.'라고 명언을 패러디한 것이다.

속담이나 격언, 잠언 같은 것을 아포리즘Aphorism이라고 한다. 일반 민중의 지혜가 담겨 널리 구전되는 민간 격언을 속담이라고 한다. 속담은 주로 서민생활의 체험적 지혜에서 나온 것이 많고 고전작품에 나와 있는 격언이나 고사 등에 담겨 있는 것이 사람들에게 알려진 것도 많다. 속담과 격언과의 차이는 분명하지 않는데 짧은 문장에 인생의 모습을 부각하고 있어 이를 잘 활용하면 효과를 볼 뿐 아니라 사람을 감동시킬 수도 있다. 속담은 보통 비판적 속담, 교훈적 속담, 경험적 속담, 유희적 속담으로 나눌 수 있는데 교훈적 속담은 격언, 잠언, 금언과 비슷한 것이다. 속담의 표현에는 고상하기보다는 비속한 것이 많고, 교훈보다는 풍자가 많다. 속담은 천 마디 설명보다도 큰 효과가 있으며, 그 속에는 민중의 풍습과 신앙 등이 나타나 있다.

서양에서는 성서의 잠언이나 복음서에 의거한 것이 많고 그리스, 로마 신화에서 유래한 것도 있다. 〈성경〉과 〈그리스 로마 신화〉는 반드시 읽어 두어야 하는 것이 이 때문이기도 하다. 세계 각 나라의 속담들을 비교해 보면 다양한 문화적 상황과 언어에서도 동일한 요점을 가지고 있는 금언들이 나타나는 것을 발견할 수 있다. 예를 들어 성서의 속담인 '눈에는 눈, 이에는 이'라는 것이 있는데 이에 상응하는 속담으로 동아프리카 난디인들은 '염소가죽을 얻으려면 염소가죽 값을, 호리병박을 얻으려면 호리병박 값을'이라는 속담을 쓴다. 이 두 속담은 같은 개념을 담고 있으며 둘 다 어떤 행동의 규범을 강조하는 것이다. 아마도 종족의 지혜와 행동규칙을 전달하기 위해 이 속담을 사용했을 것이다.

같은 속담이 여러 가지 형태로 발전될 수도 있다. 유럽에서 나타나는 이런 현상은 라틴어 격언이 중세에 국제적으로 통용되면서 생긴 결과일 것이다. '손에 든 새 한 마리가 숲속의 두 마리보다 낫다.'라는 속담은 중세 라틴어에서 유래한 것인데 루마니아어·이탈리아어·포르투갈어·스페인어·독일어·아이슬란드어에서도 이 속담과 같은 의미를 가진 다른 형태의 속담을 볼 수 있다. 성경의 속담 중에는 고대 그리스 속담과 비슷한 것이 많다. '부드러운 대답은 분노를 쉽게 한다.'는 말이나 '의사여, 네 병이나 고쳐라.'라는 속담도 그리스인들이 알고 있는 것이다.

우리의 속담은 어떤가? 한국의 속담 역시 민중들 사이에서 만들어진 것으로서 보편적 의미를 강조하기 위해 사용되는 관용적 표현이다. 문헌에 나타난 걸 보면 한국에서도 속담은 일찍부터 사용되었던 듯하다. 책에 표현된 최초의 속담은 〈삼국유사〉의 '내일 바빠 한댁[大宅] 방아를 서두른다.'는 말이다. 우리의 속담은 민요나 소설, 역사적 사건 등에서 만들어지기도 했는데 전혀 희망이 없다는 뜻으로 쓰는 '군밤에서 싹 나거든'이란 속담은 고려속요인 〈정석가〉에 나오는 구절이고 '홍길동이 합천 해인사 털어 먹듯'은 〈홍길동전〉에서, '춥기는 사명당 사첫방이다.'는 〈임진록〉에서 나온 것들이다. 물론 속담은 과거에서만 만들어진 것이 아니고 오늘날에도 계속해서 만들어지고 있다. 우리가 흔히 쓰는 '비행기 태운다.'는 말은 한말에 나온 속담이며 '목사님 구호물자 저고리 입은 것 같다.' 같은 속담은 8·15해방 이후 만들어진 것이다.

속담이나 격언을 많이 아는 것과 모르는 것과는 우리 생각의 범위에서 큰 차이가 난다. 속담을 많이 알면 알수록 생각의 범위가 넓어지고 다양한 생각을 가능하게 한다. 속담을 억지로 다 외울 필요는 없다. 필요할 때 속담사전을 찾아보면 유용하게 쓰이는 것이 있기 마련이고 자꾸 사용하다 보면 저절로 기억되어 자신의 무기로 쓸 수 있다. 물론 같은 걸 자꾸 반복하면 식상하게 된다. 훌륭한 연설가는 모두 많은 속담과 격언을 기억하고 연설 시 적절하게 사용한다는 걸 잊지 마라. 활용을 하다 보면 자신도 모르게 새로운 명언을 만들어 내기도 한다.

우리말은 물론 영어의 속담, 격언, 잠언 같은 것을 많이 활용하면서 자신에게 필요한 것을 따로 모아두면 더 유용한 아이디어 창고가 된다. 아이디어가 막힐 때 자신의 속담사전을 펼쳐 보라. 길이 보이게 마련이다. 자신의 생각을 표현하기 어려울 때 이미 존재하는 속담이나 격언을 활용하면 사람들의 감탄을 자아내는 표현을 할 수 있다. 속담은 그 자체가 새로운 생각의 출발점이라는 점을 명심하라.

참고로 우리의 대표적인 고전작품인 〈춘향전〉과 〈흥부전〉에 나오는 속담을 소개한다. 곱씹어 보면 아주 재미있는 것들이다.

〈춘향전〉의 속담

1. 사위는 백년지객百年之客이라.

2. 쏘아놓은 살이요, 엎지른 물이다.

3. 마파람에 게 눈 감추듯.

4. 대한大旱 칠년七年 비 바라듯.

5. 구년지수九年之水 해 바라듯.

6. 심은 나무 꺾어지고 공든 탑이 무너졌네.

7. 뇌성벽력은 귀머거리라도 듣는다.

8. 죽으러 가는 양의 걸음.

9. 짝 잃은 원앙.

10. 사월 파일 등燈대 감듯.

11. 뱃사공의 닻줄 감듯.

12. 구룡소九龍沼 늙은 용龍이 여의주如意珠를 어루는 듯.

13. 태백산 백액호白額虎가 송풍나월 어루는 듯.

14. 담을 쌓고 벽을 친다.

15. 개구멍 서방.

16. 죽은 중 매질하기.

〈흥부전〉의 속담

1. 초상난 데 춤추기

2. 불난 데 부채질하기.

3. 해산한 데 개 잡기.

4. 우는 아기 똥 먹이기.

5. 빚값으로 계집 뺏기.

6. 늙은 영감 덜미 잡기

7. 아이 밴 계집 배 차기.

8. 우물 밑에 똥누기.

9. 올벼 논에 물 터 놓기.

10. 패는 곡식 이삭 빼기.

11. 논두렁에 구멍 뚫기.

12. 애호박에 말뚝 박기.

13. 곱사등이 엎어놓고 밟기.

14. 똥 누는 놈 주저앉히기.

15. 앉은뱅이 턱살 치기.

16. 옹기장수 작대기 치기.

17. 면례緬禮하는 데 뼈 감추기

18. 수절 과부 겁탈하기.

20. 통혼한 데 간혼間婚 놀기.

21. 만경창파에 배 뚫기.

22. 얼굴에 종기난 놈 쥐어박기.

23. 앓는 눈에 고춧가루 뿌리기.

24. 이 앓는 놈 뺨치기.

25. 다 된 흥정 파의하기.

26. 비 오는 날에 장독 열기.

42. 일찍 일어나라

히말라야 트레킹에서 만난 에베레스트의 아침. 제일 높은 산이라서 황금빛 햇살을 제일 먼저 받는 모습이 장관이다.

아침에 생각을 하면 가장 다양한 생각이 떠오른다고 한다.
아침 시간에 사업구상을 하는 이들이 많다.
처음 히말라야를 갔을 때 에베레스트의 아침을 보면서
살아가는 여러 가지 의미를 생각하곤 했다.

　7월의 어느 날 아침, 나는 네팔의 치사파니라는 산 정상에서 새
벽잠을 깼다. 마치 감옥소 같은 작은 방에 달랑 침대만 놓인 곳에서
피곤한 몸을 일으켰다. 네팔의 수도 카트만두에서 여기까지 올라오느
라고 나는 엄청난 땀을 흘려야만 했다. 온종일 걸어서 겨우 닿은 곳
은 사방이 툭 터진 산 정상이었다. 지난밤에 비가 역수로 쏟아지기에

나는 아침에 산을 볼 수 없을 것이라고 생각했는데 새벽 5시쯤 가이드인 인드라가 내 문을 쾅쾅 두들겼다. 서둘러 방을 나섰더니 구름을 뚫고 히말라야가 솟아오른 것을 볼 수 있었다. 구름이 걷히면서 산은 순식간에 여러 가지 모습으로 변화했다. 마침내 해가 떠오르고 산 정상 가득히 햇살이 묻어나는 걸 보고 나는 까닭모를 한숨을 쉬었다. 에베레스트, 저곳에 오르려고 얼마나 많은 사람들이 목숨을 걸었던가.

새벽부터 해가 솟아오르는 두어 시간 동안 나는 히말라야를 바라보면서 참으로 많은 생각을 했다. 나는 누구인가? 무엇 때문에 이 먼 곳을 왔는가? 저 산은 무얼 말하는가? 나는 어디로 가는가? 내가 죽으면 다시 태어날 것인가? 내가 살아온 날들에 관한 생각과 사람과 죽음, 사랑과 미움에 대해 생각을 했다. 잠을 많이 못 잤지만 머릿속은 오히려 영롱해지고 평소에 나지 않던 많은 생각들이 머릿속을 채웠다. 평소에는 늘 늦잠을 자던 내가 이 먼 곳에서 새벽같이 일어나 아침공기를 마시고 있었던 것이다.

일찍 일어나는 새가 벌레를 잡는다고 한다. 워낙 유명한 말이기 때문에 더 설명이 필요 없을 것이다. 꼭 아침이라는 의미도 있지만 부지런하라는 의미를 담고 있는 말이다. 몇 년 전에 '아침형 인간'이란 말이 사람들의 입에 오르내렸다. '아침형 인간'이란 책도 많이 팔렸다. 하기야 성공한 사람들이나 대기업의 총수들은 모두 일찍 일어나는 아침형 인간이라고 한다. 현대그룹의 고 정주영 회장도 일찍 일어나기로 유명했다. 회장이 일찍 일어나다 보니 그의 아들들이나 비서들도 부지런하긴 마찬가지였다. 아침 일찍 모여 회의를 하고 같이 식사를 했다고 한다. 그 자리에서 얼마나 많은 아이디어가 나왔을까! 현대라는 이름이 있게 한 것은 아마도 그들의 '아침 시간' 때문이었을 것이다.

CEO들의 절반 이상은 아침회의를 정기적으로 진행하고 있다고 한다. CEO들도 바쁘지만, 임원이나 실무자들도 자신의 업무처리에 온종일 눈코 뜰 새가 없다. 업무시간에 회의를 하면 밀려드는 외부 업무들로 인해 방해받지 않고 미팅에 집중하기가 어렵다. 하지만 조찬모임을 하면 외부의 방해 없이 집중적으로 짧은 시간에 효과적인 결과를 얻을 수 있기 때문에 CEO들은 아침을 소중히 하는 것이다.

내가 여의도에 있는 어느 광고회사에 자문을 하고 있을 때였다. 나는 워낙 늦게 자고 늦게 일어나는 편이지만 아침 출근길이 막혀서 일찍 일어나 출근을 했다. 대개 7시면 회사에 도착해서 한강을 바라보며 커피를 마시거나 신문을 보기도 했다. 그 시간에 나 말고 그 사무실을 왔다 갔다 하는 사람이 있다는 걸 발견했다. 그는 사장이었다. 직원들의 책상 사이를 걸으면서 이것저것 훑어보고 생각에 잠기기도 했다. 그만의 시간을 빼앗고 싶지 않아 처음엔 모른 척했지만 며칠 뒤부터는 둘이 마주 앉아 이런저런 이야기를 했다. 그는 아침에 가장 다양한 생각이 떠오른다고 했다. 아침 시간에 사업구상을 하고 마케팅 전략을 생각한다고 했다. 그 사장은 성공한 스타 광고인이었다. 회사에서 가장 부지런한 사람도 그였을 것이다.

아침에 일찍 일어나는 사람들이 성공하는 이유는 아침이 뇌가 활발히 움직이는 시간대이기 때문이다. 특히 아침에는 우뇌가 활발하게 작용하는데 우뇌는 창의적이고 상상력이 풍부한 생각을 많이 하는 곳이다. 늘 반짝이는 아이디어를 생각해야 하는 CEO들에게 아침은 더없이 소중한 시간이 되는 것이다. 아침에는 신경을 이완해 주는 알파파가 나오는데 알파파는 명상이나 참선을 할 때 나오는 뇌파로서 기억력과 창의력, 집중력을 비약적으로 향상시킨다.

당신의 아침은 몇 시인가? 일찍 일어나서 세상을 보는가? 새벽거리를 보고 출근하는 사람들의 표정을 보는가? 혹은 아침 산을 오르는 사람이나 아침거리를 달리는 사람, 쓰레기를 치우는 사람이나 시장으로 나가는 사람을 보라. 그들의 발걸음은 더없이 힘차고 표정에는 삶에 대한 강렬한 의지가 담겨져 있다. 아침 시간을 잘 활용하면 더 많은 시간을 자신의 것으로 만들 수 있다. 그 아침 시간을 생각의 시간으로 만들라. 신문을 보고 주변을 정리하거나 책상 속을 들여다보라. 까맣게 잊고 있던 여러 가지 생각들이 나타날지도 모른다.

일찍 일어나는 사람끼리 모임을 가져 보라. 같이 자유롭게 커피를 마시거나 빵을 먹으면서 이야기를 나누어 보라. 아침에 느끼는 여러 가지 생각들을 서로 주고받으며 공유하라. 근무시간 안에 나눌 수 있는 것이 아닌 새로운 생각들을 만날 수 있을 것이다. 또 전혀 새로운 생각을 하는 자신을 만날 수 있다면 금상첨화다. 아침에 일찍 일어나야 하는 또 한 가지 이유는 아침식사를 거르지 않기 위해서이다. 모두 다 알다시피 아침식사는 두뇌 활동에 영향을 주기 때문이다. 미국 영양협회ADA 조사 결과 아침을 먹은 아이들이 먹지 않는 아이보다 집중력, 학습 능력, 창의력, 눈과 손의 활동력이 높고 결석을 하지 않는다고 한다.

국내의 연구 결과에서도 아침식사가 수능 성적까지 올려 주는 것으로 나왔다. 전문가들은 '뇌는 포도당만을 에너지로 쓰기 때문에 학생이나 사무직 직장인은 학습, 업무 능률을 높이기 위해 아침을 꼭 먹어야 한다.'고 강조한다.

우리가 알고 있듯이 닭은 참 부지런한 동물이다. 수탉의 울음소리는 시계가 없던 시절 하루를 시작하는 자명종의 역할을 톡톡히 해냈다. 닭처럼 저녁잠을 충분히 자고 규칙적으로 일어나는 습관은 건강과도 밀접한 관련이 있다. 건강하지 못하면 건강한 생각을 할 수 없다는 것을 기억하라.

43. 밤을 활용하라

무안 백련제의 야간 풍경. 축제는 밤에도 이어진다. 밤길을 밝히는 기능 못지않게 가슴을 설레게 하는 것이 청사초롱이다.

축제는 밤에 시작된다.

생각의 축제 역시 밤에 시작하는 경우가 많다.

아침형 인간과는 반대의 성향을 가진 사람들은

밤을 최대한 이용하는 것이 성공의 지름길이 된다.

아이디어의 축제는 밤에 시작하는 경우가 많다. 아침형 인간과
는 반대의 성향을 가진 이들은 밤은 아이디어의 시간이라고 주장한

다. 나 역시 마찬가지다. 밤 12시가 되어야만 책상 앞에 앉게 되고 원고를 쓰거나 카피를 쓴다. 그전은 워밍업의 시간일 뿐이다. 이건 습관의 결과이긴 하지만 어느새 내 몸은 밤에 익숙해져 버렸다. 밤이 되어야 내 두뇌와 감성은 살아 움직이기 시작한다.

역사는 밤에 이루어진다고 한다. 왜 역사는 밤에 이루어질까? 남자의 역사는 낮이다. 그러나 밤은 여자가 남자를 컨트롤하는 시간이 되기도 한다. 흔히 베갯머리송사라고 하는 말은 밤에 여자가 남자를 조종하는 것을 의미한다. 양귀비는 자신을 비난한 이태백이 미워서 현종에게 베갯머리송사를 하여 그를 왕궁에서 쫓아냈다. 역사가 밤에 이루어진 사례. 〈천일야화〉도 밤에 일어난 이야기가 아닌가! 페르시아 왕에게 밤마다 이야기를 들려주어 죽을 목숨이었던 샤라자드의 생명이 연장되었던 것이다.

밤을 주제로 한 영화나 노래도 많다. 옛날 전등불이 없었던 시절에도 밤의 역사는 이루어졌는데 하물며 밤에 대낮같이 환한 지금의 세상이야 더 말할 나위도 없다. 토요일 밤의 열기는 젊음을 불살라 주는 것이고 시애틀의 잠 못 이루는 밤은 홀아비의 사랑을 찾도록 만들어 준 계기였다.

사람들은 왜 어두움을 두려워하는 걸까? 그 이유는 간단하다. 앞이 보이지 않기 때문에 두려움을 갖게 되는 것이다. 오히려 고대의 많은 의식은 주로 밤에 이루어졌다. 사람들의 두려움을 자극하고 경외심을 불러일으키기 위한 것이었다. 우리는 시각으로 대상을 받아들이고 판단을 하는데 밤은 빛이 없어 시각으로 받아들이기가 어려운 탓이다. 밤에 잠을 자고 낮에 활동하는 습관이 인류에게 생긴 것이다. 평범한 사람들은 밤을 다만 잠자는 시간으로 여기지만 뛰어난 선구자들은 어두움을 두려워하지 않고 밤을 활용했다. 역사와 신화를 들여다보라. 비범한 사람들은 밤에 뭔가를 이루어내고 역사를 바꾸곤 했다.

낮에는 사람과의 커뮤니케이션에 활용하고 밤은 발전의 시간으로 활용하라. 물론 인터넷의 발달로 밤에도 수많은 커뮤니케이션이 이루어진다. 오히려 낮 시간보다 더 다이내믹한 커뮤니케이션이 밤에 이루어진다는 걸 명심하라. 밤은 사람들의 마음을 차분하게 해 주므로 여러 가지 생각의 발전이 오히려 잘 되는 경우가 많다.

아침형 인간이 되든지 밤을 적극 활용하는 심야형 인간이 되든지 둘 중 하나를 선택해야겠지만, 밤이 편하고 아이디어 발상이 잘 되는 편이라면 기꺼이 심야형 인간이 되어야 한다. 내가 아는 많은 작가나 예술가 혹은 언론인들은 심야형 인간들이다. 그들은 소음이 사라지고 달갑지 않은 인간관계의 사슬에서 벗어날 수 있는 밤을 활용하여 글을 쓰거나 창작활동을 한다. 창조적인 일을 밤에 할 수 있는 것은 무엇 때문일까? 우선 일상으로부터 차단된 밤 시간은 매우 높은 집중력을 발휘할 수 있게 된다. 신문사나 방송국을 가 보면 낮 동안의 소란스럽던 소음과 전화벨 소리가 잠든 조용한 사무실에서 그들은 컴퓨터 자판을 두들기고 있을 것이다. 혹은 작가나 예술가들은 낮보다 더 강렬한 눈빛으로 창작의 시간을 만들어 가고 있을 것이다.

어떤 사람들은 아예 낮과 밤을 거꾸로 사는 경우도 많다. 밤이 더 편하기 때문에 아침형 인간이 되라고 강요할 수는 없다. 그들의 존재 가치는 밤에 더욱 빛나기 때문이다. 유명한 작가인 카프카가 낮에는 직장에 다니고 밤 동안 소설을 써 동이 틀 무렵에야 잠자리에 들었다고 한다. 예술적 힘은 밤이라야 나타나는 것일 것이다. 밤의 리듬이야말로 창작의 리듬일 것이다. 보라, 카프카뿐인가. 우리 앞에 놓인 수많은 작품과 음악과 영화는 그렇게 만들어지는 것이다. 지금 이 글을 쓰는 시간 역시 새벽 1시 20분이다.

시장 조사기관인 AC닐슨은 한국인의 잠자리 시간을 조사했는데 한국인의 68%가 밤 12시 이후에 잠자리에 들고 이는 세계에서 세 번째로 늦게 잠자리에 든다고 한다. 또한 한국 P&G는 아기용품 브랜드인 큐티사이트를 통해 만 0~3세 아기를 둔 엄마들을 대상으로 아기의 수면 생활에 관해 설문조사를 했는데 밤 10시 이후에 잠자리에 드는 아기들이 51.4%가장 많았다고 한다. 상식과는 다른 결과였다. 주부들은 밤 9시 이후에 아기를 데리고 외출을 한 적이 있는데 주로 마트로 불리는 할인점이라고 한다. 그래서 마트 같은 유통업체들은 마감시간을 뒤로 늦추거나 아예 24시간 운영하면서 소비자들을 끌어들이고 있다.

경남 진주에서는 해마다 10월이 되면 남강에서 유등축제를 벌인다. 이는 1592년 진주 목사였던 김시민이 3,800여 명에 지나지 않는 적은 병력으로 진주성을 침공한 2만 왜군을 크게 무찔렀는데 그때 성 밖의 의병과 지원군과의 신호로 풍등을 하늘에 올리며 횃불과 함께 남강에 등불을 띄운 사연이 있기 때문이다. 그 이듬해 전투 때에는 7만 명의 민관군이 순국했는데 이들의 애국혼을 기리고 전통 유등놀이를 보전하기 위해 오랜 세월 동안 놀이로 이어 오다가 2000년부터 규모를 확대하여 축제화한 것이 진주 남강 유등 축제이다. 밤에 이루어진 역사를 기념하고 이어가기 위해 역시 밤에 축제를 벌이고 있는 것이다.

44. 일기를 써라

안네 프랑크의 일기. 암스테르담의 안네 프랑크 하우스에 전시되어 있으며 세계 각국의 언어로 번역되었다.

> 힘든 나날을 솔직하게 기록한 안네의 일기는 세계적인 명작이 되었다.
> 일기는 당시의 생각과 감정을 솔직하게 기록하는 것이므로 나중에 생각을 풍부하게 해 주는 밑거름이 된다.
> 간단하게라도 일기를 남기는 습관을 기르자.

　　내가 암스테르담으로 간 것은 어느 봄날이었다. 고흐 미술관을 본 오후 나는 안네의 집을 찾기로 했다. 대부분의 집들이 그렇지만 내가 묵었던 호텔도 운하를 앞에 두고 있었고 한 블록만 가면 안네의 작은 동상이 길가에 서 있었다. 그리고 그 길옆에 안네의 집이 있었다. 조심스럽게 계단을 올라가 보았다. 오랜 세월이 지났지만 안네가 살았던 암울한 시절의 느낌은 얻을 수가 있었다. 나는 잠시 안네의 영혼을 위해 묵념을 하고 다시 내려왔다.

　　〈안네의 일기〉는 1940년 독일군 점령하의 암스테르담에서 살고 있던 프랑크 일가는 나치의 박해를 피해 은신처로 옮겨 살았는데 2년여의 은신생활을 안네가 일기로 남긴 것이다. 결국 안네는 나치에 의해 독일 수용소로 옮겨졌고 장티푸스에 걸려 짧은 삶을 마쳤는데 그녀가 죽은 후 어느 네델란드인에게 일기가 발견되어 그녀의 아버지 손에 들어가게 되었다. 〈안네의 일기〉는 1947년 출판된 후 세계 각국어로 번역되어 많은 사람들이 읽게 되었다. 그리고 영화와 연극으로도 만들어졌다. 안네가 일기를 남겼기에 안네의 삶은 후세에 빛을 발하고 있다. 일기는 이렇게 자신의 역사인 동시에 나중에 자신이 보든 남이 보든 소중한 기록이 된다.

1월 29일(양력 3월 12일)〈경인〉 맑다.
동헌에 나가 공무를 봤다.

2월 초1일(양력 3월 14일)〈임진〉
새벽에 망궐례를 했다. 가랑비가 잠간 뿌리다가 늦게야 개었다. 선창(여수시 연등동 입구)으로 나가 쓸만한 널빤지를 고르는데, 때마침 방천 안에 몽어 떼가 밀려들어 왔기로, 그물을 쳐서 이천 마리를 잡았다. 참으로 장쾌했다. 그길로 전선 위에 앉아서 술을 마시며 우후 이몽구李夢龜와 함께 새 봄의 경치를 바라보았다.

이 글들은 충무공 이순신이 쓴 〈난중일기〉의 한 부분이다. 장군이 전쟁 중에 남긴 이 〈난중일기〉는 국보 7호로써 초서체로 쓰인 소중한 기록이다. 〈난중일기〉를 보면 때로는 아주 짧게 쓴 것도 있고 어떤 것은 자세히 기록한 것도 있다. 중요하지 않는 공무는 간단히 기록하기도 했고, 장군의 마음을 진솔하게 표현한 것도 있다. 무인답게 일기도 간결하면서 힘이 있다는 걸 느낄 수 있다. 〈난중일기〉를 읽어 보면 이순신 장군의 마음을 잘 알 수 있다. 일기의 힘이다.

이렇게 일기는 흔히 사생활적 기록으로 치부되지만 문학적 가치와 역사적 가치를 지닌 것도 많다. 그래서 일기문학이라는 말도 생겼다. 일기문학이란 일기의 형식을 빌려 표현한 문학의 형태인데 일부러 일기형식으로 쓰기도 하고, 개인이 남긴 일기가 나중에 문학으로 인정받기도 한다. 일기문학의 고전은 17-18세기 영국의 문인이자 궁정인인 이블린이나 해군대신 피프스, 부흥설교자였던 웨슬리 등의 일기가 손꼽힌다. 19세기에 들어서는 미국의 에머슨, 소로, 휘트먼과 프랑스의 스탕달, 비니 등의 일기작품이 유명하다. 이들의 일기는 문학이라기보다는 사실 명상록이나 철학적 성찰에 가깝다. 하기야 일기는 하루를 마감하면서 자신을 성찰하고 명상을 기록하는 경우가 많지 않은가. 2차 대전 때 히틀러 측근 괴벨스의 일기와 무솔리니의 측근 치아노 외상의 일기는 역사적 가치가 높다. 우리나라에서는 앞에서 예를 든 이순신 장군의 〈난중일기〉와 연암 박지원의 〈열하일기〉를 백미로 꼽는다.

역사상 많은 문학가들은 일기를 통해 내공을 쌓았고 일기는 작가의 비밀을 푸는 중요한 열쇠가 되기도 한다. 소설가 고故 이문구 씨가 2년 동안 투병을 하면서 남긴 일기가 출판이 되어 화제가 된 것도 그런 연유에서이다. 이문구 씨의 일기는 죽음을 앞둔 한 문인의 진솔한 내면의 표현이면서 한 시대를 반영한 문단사, 사회사의 가치도 지니고 있기 때문이다.

일기는 생활의 기록이기도 하지만 생각과 아이디어의 기록이기도 하다. 그러므로 아주 간단하게라도 매일 쓰는 것이 좋은 것은 말할 나위가 없다. 나는 블로그에 '석 줄 일기'라는 것을 만들어 딱 석 줄만 쓰고 있다. 또 홈 페이지에는 '카피 일기'라는 것을 쓰고 있다. 카피라이터로서 여러 가지 생각과 카피에 관한 이야기, 여행에 관한 것, 제자들의 이야기 등을 남기고 있다. 물론 매일 쓰는 것은 아니다. 필요할 때, 쓰고 싶을 때 쓰면 된다. 어느 글이나 강요된 기분으로 쓰면 좋은 글이 되지 않는다. 일기는 나중에 보면 재미도 있고 새로운 아이디어를 얻기도 한다. 그런데 왜 우리는 일기 쓰는 것을 싫어할까? 우리가 학교 다닐 때 받은 강요적 일기 쓰기의 영향은 아닐까? 다시 말하지만 아주 간단하게라도 일기를 남기는 것이 자신에게 큰 도움이 된다는 걸 잊지 마라. 오늘부터라도 수첩이나 홈페이지 혹은 블로그에 간단히 메모한다는 기분으로 일기 쓸 것을 권한다.

요즘은 일기 쓰는 사람을 찾아보기가 어렵다. 새로운 세대들은 '읽거나 쓰는 것'보다 '보고 듣는' 영상문화에 익숙하기 때문이라고 한다. 새로운 세대만이 아니다. 요즘은 문화를 받아들이는 방법과 표현의 방법이 달라졌고 그것을 표현하는 많은 도구들이 급속히 발달되었기 때문에 일기는 뒤로 물러앉게 된 것이다. 일기 쓰기의 퇴조는 언어구사력에 영향을 미친다. 일기 쓰기는 글쓰기의 능력을 서서히 길러주는 효과가 있고 생각의 깊이를 더해 주는 효과도 있다. 근래 몇몇 대학에서 실시한 문예작품 공모전에서는 어법도 맞지 않는 수준 이하의 글쓰기가 수두룩했다고 한다. 그것은 일기 쓰기가 퇴조한 탓이라고 보는 이들이 많다. 문인을 지망하는 학생들의 문예작품 공모전에서 이 정도면 일반 학생들은 어떻겠느냐는 것이 심사 교수들의 한탄이었다. 나도 그렇다. 학교 강의 시간에 리포트 과제를 주고받아보면 인터넷의 글을 그대로 복사하여 옮긴 것이 많고 문장의 호응이나 시제 등이 안 맞는 글이 수두룩하다. 글 자체가 성립이 안 되는 비문이 많은 건 말할 나위도 없다. 안타까움에 나는 자꾸 과제를 더 주고 발표를 시키고 하는데 분명한 건 많이 쓸수록, 많이 발표할수록 글쓰기의 능력과 발표력은 향상된다는 점이다.

일기 쓰기가 주는 최대의 장점은 자신의 내면을 정직하게 들여다볼 수 있다는 것이다. 일기를 쓰면서 인간은 자신의 생각을 바르고 깊게 키워갈 수 있으며 자기계발과 성장의 중요한 수단이 된다. 인간은 그 어떤 생명체보다도 성찰의 능력을 갖추고 있다는 것을 명심하라.

45. 편지를 써라

베트남 호치민의 중앙우체국. 우리는 이제 그다지 편지를 쓰지 않지
만 여기는 여전히 편지를 부치는 모습을 많이 볼 수 있다.

편지를 쓴다는 것은 다른 사람에게

나의 생각을 전달하는 일이다.

따라서 편지를 쓰면 자연히 생각을 더 많이 하게 되고

논리적인 사고력과 표현을 익히게 된다.

점심을 얻어먹고 배부른 내가

배고팠던 나에게 편지를 쓴다.

옛날에도 더러 있었던 일,
그다지 섭섭하진 않겠지?

때론 호사로운 적도 없지 않았다.
그걸 잊지 말아 주길 바란다.

내일을 믿다가
이십 년!

배부른 내가
그걸 잊을까 걱정이 되어서
나는
자네에게 편지를 쓴다네

　- 편지/천상병 시선집 〈주막酒幕에서〉(민음사)

　최근에 편지를 쓴 적이 있는가? 사랑하는 사람에게나 부모님, 혹
은 스승이나 친구에게 종이에 펜으로 쓴 적이 있는가? 혹은 나의 고
객이나 직장 상사에게 편지를 보낸 적이 있는가? 인터넷의 편지인 이

메일이 있고, 카톡 등 다양한 메시지 수단이 있는 시대라서 군이 종이에 편지를 쓸 이유가 없다고 끝끝내 고집을 부린다면 더 이상 이글을 읽을 필요가 없다. 물론 이메일은 여러모로 편하다. 요즘은 다양한 편지지도 개발되었고 음악을 붙일 수도 있다. 이메일은 우리 생활의 일부분이 되었고 하루라도 체크하지 않으면 안 되는 시대가 되었다. 이메일을 고집한다면 자신이 궁금한 것이나 의견을 적극적으로 메일을 통해 누군가에게 보내고 또 답을 받아 보라. 그래야만 자신의 판단력과 사고력을 키울 수 있다.

종이에 펜으로 편지를 쓰는 것은 이메일을 보내는 것과는 사뭇 다르다는 것을 안다면 망설이지 말고 지금 당장 편지를 써 보라. 종이 위에 펜으로 한 자 한 자 써내려 간 편지는 새로운 감동을 줄 수 있다는 걸 확신하라. 우선 편지를 보낼 수 있는 사람의 명단을 작성하라. 내가 편지를 보내면 반겨 줄 사람이 열 명 정도만 있어도 당신은 행복한 사람이리라. 명단을 작성한 후 주소를 찾아라. 이메일 주소와 휴대폰 번호를 저장하고 기억하는 우리에게 편지를 보낼 주소는 아마 그리 많지 않을 것이다. 명단과 주소를 모으고 나면 편지를 쓰는 일이 훨씬 더 수월해진다.

하얀 종이를 펼치고 그 위에 펜으로 편지를 쓰면 생각의 흐름이 정리가 되고 자판에서 느끼지 못하던 여러 가지 새로운 생각을 하게 된다. 편지를 쓰면 문장력이 좋아지고 아이디어 발상의 힘이 생긴다. 펜과 종이가 우리에게 주는 힘이다. 편지를 보낼 사람이 없다고 하지 마라. 친구나 연인, 멀리 떨어져 있는 부모님에게 편지를 써라. 같은 집에서 살고 있는 부모님, 아내나 남편에게도 편지를 써라. 정 쓸 대상이 없다면 천상병 시인처럼 자신에게 편지를 보내라.

아끼는 제자가 있었다. 광고회사에 다니던 그 제자가 어느 날 물기가 촉촉이 젖어 있는 빨간 장미꽃다발을 보내왔다. 튼실한 박스에 든 장미다발을 받는 순간 나는 일손을 멈추고 한참 들여다보았다. 물론 그 안에는 제자의 정이 듬뿍 담긴 편지가 들어 있었다. '선생님. 햇살이 너무 좋아요.' 내용은 그것뿐이었다. 그냥 햇살이 좋아서 누군가에게 장미꽃과 함께 편지를 보내는 일, 나는 무척 기분이 좋았다. 또 이런 일이 있었다. 여름이었는데 누가 퀵서비스로 물건을 보내왔다. 그 안에는 얼음에 채운 맥주 한 캔과 편지 한 통. '선생님, 오후에는 시원하게 일 하세요.' 나는 제자가 보내온 시원한 캔 맥주를 마시면서 시원하게, 기분 좋게 일을 한 것은 물론이다. 편지를 받는 사람도 좋지만 편지를 쓰는 사람도 생각의 샘물을 발견할 수 있다는 점을 명심하라.

우리나라에는 몇 개의 우체국이 있을까? 하기야 요즘 세대들은 자기 동네에 우체국이 있는지 잘 모를 수도 있다. 편지를 부친 경험이 없으면 말이다. 우리나라에서 가장 높은 곳에 있는 우체국은 어디일까? 그곳은 지리산 장터목 대피소에 있다고 한다. 해마다 등반객들이 600여 통의 편지나 엽서를 보내고 있었는데 그동안은 직원들이 매주 산청에 있는 우체국으로 가져가 부쳤다고 한다. 이제는 지리산을 찾는 등반객들이 지리산의 아름다움과 추억을 보다 빠르게 편지를 통해 보낼 수 있게 된 것이다. 하기야 아름다운 산에 오르면 누군가가 그리워지고 그 사람에게 편지를 쓰고 싶어지는 건 인지상정이다. 그 우체국은 지금도 있을까?

우리나라 젊은이가 세계의 리더들에게 편지를 보내고 답을 받아 책으로 펴낸 것이 있다. 〈멈추어 서기엔 너무 젊은 한국인에게 보내는 60초 편지〉라는 긴 제목의 이 책 저자는 어린 시절 부모님의 이혼 후 어머니를 따라 미국으로 건너가 어려운 형편에도 열심히 공부해서 하버드대에 들어가게 된다. 그러나 수많은 수재들이 모인 그곳에서 자신이 왜 거기에 있어야 하며 앞으로 무엇을 해야 하는지를 고민해야 했다. 그래서 고민 끝에 그는 세계의 리더들에게 '열심히 노력하는 열정의 젊은이에게 단 60초만 투자하지 않으시겠습니까?' 하는 내용의 편지를 보냈고, 오랜 기다림 끝에 GE의 잭 웰치 회장, 코카콜라의 아이베스터 회장 등을 비롯하여 101명의 리더들에게 진심어린 충고와 조언이 들어 있는 답장을 받을 수 있었다. 그 답장으로 책을 엮었다.

생각만 하고 실천이 없으면 아무 소용이 없다. 지금 하던 일을 멈추고 종이를 펼쳐라. 아무 종이면 어떤가. 너무 형식에 얽매이지 말고 친구나 부모님에게 보낼 편지를 써 보라. 뜻밖의 즐거움을 느낄 수 있을 것이다. 부모님과 함께 산다면 편지를 써서 집의 우편함에 넣어 두라. 부모와 자식 간에, 혹은 부부 간에 다 표현하지 못한 일은 편지를 통해 서로 이해할 수 있다.

당신의 고객에게 편지를 보내 보라. 이메일이나 휴대폰으로 오는 메시지가 있지만 그건 별 효과가 없다. 손으로 직접 쓴 편지는 의외로 큰 효과가 있다는 걸 실감해 보라.

46. 아이들과 이야기하라

캄보디아 씨엠립의 한 사원에서 아이들이 외국인을 훔쳐보고 있다. 호기심이 가득한 표정이 느껴진다.

아이들의 시각에서 세상을 바라보거나 사물을 보면
어른과는 전혀 다른 모습을 볼 수 있다.
아이들과 이야기를 나누는 시간을 많이 가지면
색다른 생각을 할 수 있는 소스를 얻을 수 있다.

이 사진은 씨엠립의 앙코르 유적지에 갔을 때 찍은 사진이다. 흔히 앙코르와트라고 하는 앙코르 유적지 근방에 사는 아이들은 곧잘 앙코르의 유적지에 와서 논다. 내가 그곳에 갔을 때도 아이들은 외국인을 호기심어린 눈으로 바라보곤 했다. 마침 그곳에 여행 온 서양인 두 명이 서로 애정을 표현하자 아이들은 숨어서 호기심으로 바라보고 있었다. 외국인 커플이 키스를 하자 아이들은 돌 뒤에 숨어서 키득거렸다. 나는 그 아이들과 손짓 발짓을 하면서 이야기를 하고 장난도 쳤다. 무슨 이야기인지 정확하게 알 수는 없었지만 아이들은 쉴 새 없이 조잘거렸고 까르르 웃기도 했다. 여행의 가장 큰 즐거움은 사람을 만나는 일이고 아이들을 만나면 더욱 즐거워진다.

아이들의 순수한 시각으로 바라보는 것을 어른은 이해하기 어려운 것이 많다. 하나같이 순수한 시각에서 바라보고 설명하기 때문에 고정관념에 사로잡힌 어른들에게는 어려운 문제가 될 수밖에 없다. 아이들의 시각에서 바라본 다음의 문장을 보고 답을 한 번 맞추어 보길 바란다.

'이건 작지만 들어 있을 건 다 들어 있어요.' 무엇에 관한 이야기일까? 정답은 바로 씨앗이다. 아이들 입장에서 잡다한 지식을 배제하고 아주 단순하고 쉽게 설명하고 있다. 하여 세상을 복잡하게 바라보는 어른들의 시각에서는 풀 수가 없는 것이다. 다른 문제를 보자. 이건 조금 어렵다. '아빠가 출장을 가도 계속 남아 있는 거예요.' 뭘까? 이 문장의 정답은 걱정이다. 엄마가 걱정하는 건지 자기 자신이 걱정을 하는 건지는 몰라도 자신의 경험을 아주 간결하게 표현했다. 몇 가지 문제를 더 보자.

> '아빠가 제일 크고 그다음이 나예요. 엄마가 제일 작아요.
> – 방귀'
> '누가 너무 쉬 마려워서 엘리베이터에 쉬를 하면 사람들이 이
> 걸 해요. – 반상회'
> '어른들이 어린이가 다 갈 때까지 보고 있어요. – 시골
> '내 양말에 빵꾸가 났는데 친구가 자기 집에 가재요. – 콩닥콩닥'

만약 당신이 아이와 같은 시각으로 세상을 바라보고 생각한다면 당신에게는 더 많은 기회가 생길 것이다. 우리가 모두 겪었던 어린 시절, 과연 어린이는 누구인가? 영국 시인 윌리엄 워즈워드는 〈무지개〉라는 시에서 어린이는 어른의 아버지라고 했다.

하늘의 무지개를 바라보면 내 가슴은 뛰노나

내 어릴 적도 그랬고,

어른 된 지금도 그렇고,

내 나중 늙어져도 그러겠거늘

이 한목숨 그렇지 못할 땐 거둬 가소서

어린이는 어른의 아버지

내 남은 생애가

하루하루 경건과 겸손의 나날 되게 하소서

왜 어린이는 어른의 아버지일까? 자연에 대한 경외심을 잃어버린 어른에게 어린이의 순수한 꿈은 아버지가 아닐 수 없다는 것을 이렇게 표현한 것이다. 어린이를 만나 이야기하면 가장 순수한 생각을 발견할 수 있다. 아이들의 시각에서 세상을 바라보거나 사물을 보면 어른과는 전혀 다른 모습을 볼 수 있다. 그 다른 모습이 새로운 생각이고 놀라운 착안이다.

예전에 롯데의 어린이 음료 광고를 할 때, 내 딴에는 재미있는 아이디어를 내놓고 아이들에게 이야기를 했더니 전혀 웃지 않았다. 어른들은 별로 우습지도 않는 이야기에 아이들은 깔깔거렸다. 아이들과 이야기하라. 아이들의 이야기를 들으라. 아이들의 노는 모습을 바라보고 아이들의 생각을 찾아내어라. 놀라운 아이디어가 그 안에 있다는 걸 알게 될 것이다.

의사들이 환자를 진찰할 때 사용하는 청진기는 어떻게 발명했을까? 이 청진기를 처음 발명한 사람은 라에네크라는 사람인데 그는 1781년 프랑스 브르타뉴 지방 캄페르에서 한 변호사의 아들로 태어났다. 마른 몸과 창백한 얼굴을 가진 라에네크는 먼저 교사가 되었다가 나중에는 전문 병리학자가 되었다. 1816년 라에네크는 아이들이 노는 모습을 보고 청진기의 아이디어를 얻게 되었다. 어느 날 루브르궁의 안뜰을 산책하던 라에네크는 아이들이 긴 나무막대를 가지고 노는 모습을 보게 되었는데 거기서 아이들이 노는 모습을 유심히 관찰하였다. 그런데 아이들은 긴 나무막대를 서로의 귀에 대고 재잘거리며 웃고 있는 것이 아닌가. 이것을 바라보던 라에네크는 문득 기발한 생각이 떠올랐다. '그래, 저런 방법으로 사람의 심장 소리를 들을 수도 있겠구나.' 결국 라에네크는 청진기를 개발하였고 청진기는 심장병 연구에 획기적인 도움을 주게 되었다.

47. 주부들과 이야기하라

아이를 데리고 나들이하는 일본 주부들. 남자보다 주부들이 가계 지출을 많이 한다. 육아비용, 학비, 아파트 관리비 등 대부분 주부 손에서 나간다.

여자를 알아야만 마케팅에서 성공할 수 있다.

마케팅의 출발은 주부의 손과 머릿속을 연구하는 데서 시작되어야 한다.

주부를 연구하라. 주부와 이야기하라.

당신의 생각을 주부의 눈높이에 맞추어라.

예전에는 아기가 오줌을 싸면 천기저귀를 벗겨내어 그것을 빨아서 다시 사용했다. 결혼을 하고 아이를 가지면 준비하는 품목 중에 하나가 천으로 된 기저귀를 준비하는 것이었다. 자신의 아이니까 아이가 싼 똥오줌을 씻어내지 남의 아이라면 여간 고역이 아닐 것이다. 나도 첫아이를 낳고 집 마당에 널렸던 하얀 기저귀가 바람에 날리던 풍경이 아직도 기억에 있다. 그 풍경은 사랑스럽고 평화로운 것이다. 그런데 요즘은 종이기저귀를 쓴다. 주부들이 편해졌다. 전에는 여자들이 천으로 된 생리대를 만들어서 사용하다가 이제는 거의 종이 생리대를 쓰는 것과 마찬가지다. 종이기저귀와 생리대는 여성들에게 자유와 해방을 준 대단한 발명품인 셈이다.

종이기저귀의 세계적인 브랜드는 팸퍼스다. 한때 팸퍼스는 세계 100대 브랜드 중 92위를 차지한 적도 있다. 그만큼 세계적인 브랜드가 되었다. 1960년대 당시 미국에서 P&G가 처음 종이기저귀 시장에 뛰어들었을 때 J&J라는 회사의 브랜드인 척스가 앞서고 있었지만 P&G의 팸퍼스는 주부의 마음을 읽고 시장에서 선두자리를 차지했다. 무엇보다 더 좋은 제품을 더 싸게 만들어 보급한 것이 주효했는데 P&G는 디자인을 새롭게 발전시키는 데만 3년이 걸렸고 가격을 낮추는 데 5년이 걸렸다고 한다.

팸퍼스에 이런 이야기가 있다. 처음엔 기저귀 광고에 '어머니를 편하게 해 주는 기저귀'라고 했다. 주부들이 잘 안 샀다. 그래서 '당신의 아기를 편하게'라고 했더니 잘 팔렸다고 한다. 팸퍼스는 어머니를 편하게 하는 기저귀가 분명하지만 '내가 편하려고 비싼 종이기저귀를 살 수 있나?'라고 꺼렸다고 한다. 사고 싶어도 자기가 편함을 추구하는 것에 대한 죄의식이 잠재되어 있어 꺼리는 것이다. 그러나 '아기를 편하게' 하는 것은 주부의 마음을 열었다. '맞아, 내가 아니라 우리 아기가 편한 거야.'라는 심리를 자극하면서 판매가 이루어진 것이다.

주부는 여자다. 여자를 알아야만 마케팅에서 성공할 수 있다. 마케팅의 출발은 주부의 손과 머릿속을 연구하는 데서 시작되어야 한다. 맞벌이부부가 많지만 아직도 남편은 돈을 버는 역할을 하고, 주부는 돈을 쓰는 역할을 하는 경우가 많다. 맞벌이부부라도 결국 돈을 지출하는 것은 주부이다. 그러므로 주부를 아는 것은 돈을 아는 것과 같다. 주부의 마음을 잡으면 돈을 잡는 것과 같은 것이다. 주부의 마음을 읽을 수만 있다면 그것이 바로 아이디어다.

주부의 4대 무기는 돈, 시간, 지식, 생명력이다. 남자에 비해 주부는 시간이 많다. 남편이 회사에서 회의하고 일하는 동안 주부는 아침 드라마를 본다. 저녁에도 마찬가지다. 남편은 야근을 하거나 동료들과 술자리를 하고 있을 때 주부들은 리모컨을 들고 TV를 본다. 밤 12시가 넘어서 뉴스가 생긴 것은 늦게 퇴근하는 남편들을 위한 것이다. 주부의 또 다른 무기는 지식이다. 남편들보다 더 많은 정보를 TV나 잡지 혹은 슈퍼에서 듣고 본다. 학력도 이제는 여자들이 남자를 앞지르기 시작했다. 지식이 있다는 건 구매력이 강하다는 이야기다. 또 여자는 남자보다 더 오래 산다. 평균수명이 남자보다 7,8세가 많다. 3살 많은 남편과 산다면 평균적으로 주부들이 10여 년을 더 산다는 계산이 나온다. 주부의 생명력은 구매현장에서도 나타난다. 백화점이나 할인점에 가면 주부들은 남편보다 힘이 난다. 같은 옷가게를 여러 번 들락거리면서 몇 번이고 옷을 입어 본다. 남편들은 피곤한 쇼핑 나들이가 되지만.

이렇게 돈이 있고 시간이 있고 지식과 생명력이 있는 주부들과 많은 이야기를 하라. 혹은 주부들의 이야기를 귀담아 들어라. 만약 당신이 주부를 상대로 하는 기업체에 있거나 주부를 상대로 하는 제품을 취급한다면 먼저 주부의 마음부터 알아야 한다. 주부의 마음, 그 자체가 새로운 비즈니스다. 오늘 당장 주부를 상대로 하는 TV 프로그램을 챙겨 보고, 주부를 상대로 하는 사이트를 들러 보라. 주부들 잡지를 읽어 보고 또 주부들이 불만을 쏟아놓은 게시판을 찾아 읽어 보라. 이 모든 것이 아이디어 뱅크이다.

주부의 마음을 잘 헤아려 성공한 경우가 한경희 스팀 청소기였다. 연 매출 수백 억. 2001년부터 자신의 이름을 따 만든 스팀 청소기를 만든 한영베스트의 한경희 사장은 사업성공의 비결을 주부의 마음을 잘 파악한 아이디어에 있다고 말한다. 그리고 그 자신이 주부였기에 성공이 가능했다는 이야기다. 그의 말을 들어보자.

"집안 일 잘 도와주는 남편이라 해도 무릎 꿇고 하는 바닥 걸레질은 잘 안 해 주잖아요. 한 번 하고 나면 허리, 무릎 관절에 팔까지 아프지, 시간도 많이 들죠. 그래서 빠르고 깨끗하게 청소할 수 있는 방법이 없을까 생각하다가, 뜨거운 물로 설거지하면 깨끗해지잖아요.

대걸레에 스팀을 달면 편하고 깨끗하게 닦이겠다고 생각한 거죠."

  주부들 사이에서 큰 인기를 누렸던 미국 ABC 방송에서 제작한 코믹 미스터리 드라마 〈위기의 주부들〉을 쓴 작가 마크 체리 역시 2002년 자신의 아이들을 욕조에 익사시켜 살해한 안드레아 예이츠 사건을 보고 주부의 절박함을 이해하고 이 드라마를 성공시켰다.

48. 과거를 생각하라

조선시대의 풍속 중 하나. 당당하게 가슴을 드러낸 여인의 표정도 당당하다. 아들을 낳았다는 표식이라고도 한다.

이 사진을 보고 과거의 풍습을 모르고 있다면

당신은 하나의 아이디어를 놓친 결과가 된다.

이 여인은 왜 가슴을 자랑스럽게 내놓고 있는 것일까?

다음 글을 읽기 전에 그 이유를 유추해 보라.

조선시대에 여인들이 길거리에서 젖가슴을 다 내어놓고 다닌다면 대단한 사건이 아닐 수 없고 그게 불가능한 일이라고 생각하겠지만 그건 사실이었다. 앞의 사진은 실제 모습이다. 이 여인은 유난히 짧은 저고리 밑으로 젖가슴을 그대로 드러내고 있다. 왜 그럴까? 그건 아들을 낳은 여인네가 자랑스럽게 가슴을 보여 주는 풍습이 있었기 때문이었다. 이 사진을 보고 과거의 풍습을 모르고 있다면 당신은 하나의 아이디어를 놓친 결과가 된다. 당시의 풍습을 알고 이 사진을 보면 여기에서 뭔가 새로운 아이디어가 창출될 수도 있기 때문이다. 그 아이디어가 뭐가 될지는 당신이 하기 나름이다.

우리가 아이디어를 찾고 새로운 생각을 하기 위한 방법 중 가장 중요한 것은 브레인 스토밍Brain Storming이다. 과거의 경험한 사실을 토대로 기억 속 깊은 곳에서 여러 가지 아이디어를 폭풍처럼 떠올리는 것을 말한다. 질보다 양을 중시하는 이 발상법은 가장 많이 쓰이고 있는 편인데 보통 3~5명이 모여 앉아 진행한다. 브레인 스토밍 방법에 대해 간단하게 살펴보자.

우선 '자유로운 생각'을 가져야 한다. 과거의 기억을 되살려 무슨 이야기라도 할 수 있어야 한다. 두 번째는 '비판 금지'다. 스스로 낸 생각은 물론 남의 생각을 비판하지 마라. 있는 그대로 일단 받아들여라. 특히 과거의 경험과 가치관은 사람마다 다르다. 다음으로는 '아이디어의 발전'이다. 과거의 생각을 현재에 끌어올렸다면 그것을 현재에 맞게 발전시켜 보라. 그렇게 되면 과거의 일은 현재와 미래의 새로운 가치로 변한다. 마지막으로 가능하면 '작고 구체적인 발상'을 하라. 아이디어의 반대말은 고정관념이다. 과거의 기억을 아주 구체적이고 작은 것부터 찾아내면 현재의 아이디어에 실질적인 도움이 된다. 종이를 펴고 한 주제를 정해 과거의 경험이나 책을 읽은 것이나 이야기를 들은 것 등을 마구 생각해내어 기록해 보라. 말도 안 되는 소리도 그대로 적어라. 한 주제로 100여 개의 아이디어가 나오면 그걸 다시 검토하고 5개 정도로 추리면 좋은 아이디어의 결실을 얻을 수 있다.

브레인 스토밍은 일단 과거에 경험한 것이 토대가 되기 때문에 늘 새로운 경험을 하고 독서를 하고 영화나 음악을 접해야 한다. 내가 여행을 하고 사진을 찍는 이유 중의 하나는 바로 이 이유 때문이다. 그리고 브레인 스토밍을 잘 익히고 습관을 들여놓으면 혼자서도 다양한 생각을 할 수 있고 새로운 아이디어를 만들어 낼 수 있다. 나는 차를 타고 운전을 하면서도 머릿속에서는 브레인 스토밍을 하곤 한다.

한 사람의 과거가 문학작품이나 영화로도 만들어지는 경우가 많다. 프랑스의 작가 마르셀 프루스트는 자신의 과거 기억을 더듬어서 〈잃어버린 시간을 찾아서〉라는 작품을 완성했다. 홍차에 찍은 한

조각의 마들렌 과자에서 시작한 프루스트의 시간 여행은 지루하도록 긴 시간 터널을 지나 결국은 '되찾은 시간'으로 완결되는 작품이다. 그는 자신의 과거를 소재 삼아 이 작품을 완성한 것이다. 개인의 과거가 아닌 타인의 과거도 훌륭한 소재가 되고 국가의 과거 역사는 당연히 여러 가지 형태의 문화로 현재 시점에서 이용하고 있다. 한때 최대 흥행작이었던 〈웰컴 투 동막골〉이란 영화는 감독의 어릴 적 경험이 바탕이 되어 탄생했다.

세대 간의 공감을 일으키며 인기를 끌었던 〈검정 고무신〉이라는 만화영화는 1960년대 서울 변두리가 배경이다. 3대가 모여 사는 대가족 집안의 두 아들 초등학생 기영이, 중학생 기철이가 주인공이다. 모두 다 가난했던 시절, 집안에서 일어나는 가족 간의 사랑과 갈등, 학교에서의 에피소드, 골목에서의 놀이 등이 주제가 된다. 검정 고무신은 '국민 애니메이션'이라는 칭송을 받으며 인기를 끌었다

과거의 일을 발전시켜 현재의 훌륭한 제품으로 만들기도 한다. 이를테면 라면 같은 것이다. 라면은 17세기경 중국에서 전래된 것으로 이후 돼지뼈 국물 등을 개발하여 지금의 일본식 라멘이 됐다. 인스턴트 라멘 역시 중일전쟁 때 중국군이 비상식량으로 쓰던 건면에서 힌트를 얻은 오사카의 한 사업가가 1958년에 상품화에 성공한 후 한국을 비롯한 전 세계에 퍼졌다. 인스턴트 라멘을 만들어 낸 일본에서 독특한 라멘으로 유명한 도시로는 삿포로, 도쿄, 오사카, 가고시마, 하카다 등을 들 수 있으며, 요코하마에는 라멘 박물관도 있다.

인사동에 가면 옛날 조상들이 먹던 꿀타래를 만날 수 있다. 꿀을 실처럼 아주 가늘게 뽑아 과자로 만든 것으로 부드럽고 맛이 좋이 인기를 끌고 있다. 우리의 과거에는 참으로 보물 같은 역사가 숨어 있지만 그걸 현재에 되살리는 노력은 너무 아쉬운 실정이다. 과거는 현재의 지혜가 되고 미래의 예견이 된다는 걸 잊지 마라.

당신의 과거는 어떤가? 과거 독백놀이를 해 보자. 거기에 현재와 미래의 생각이 숨어 있을 것이다. 말하자면 온고지신溫故知新의 활용이다. 특히 자신이 뼈저리게 경험한 것은 너무나 소중한 아이디어의 자산이라는 것을 잊지 마라. 다음 질문에 대답을 해 보자.

과거에 좋아했던 사람은 누구인가?

가장 행복했던 순간은?

가장 슬펐던 순간은?

좋아했던 음악은?

좋아했던 선생님과 그 이유

지우고 싶은 기억

기억나는 장소

혼났던 적은?

과거에 했던 약속

옛날 우리 집에 있었던 물건들을 죽 나열한다면.

49. 미래를 생각하라

미얀마에서 만난 처녀들이 사원에서 조개점을 보면서 자신들의 미래를 가늠하고 있다. 미래는 알 수 없기에 오히려 매력이 있다.

사람들은 자신의 미래와 사회의 미래, 인류의 미래가 궁금하다.
여러 형태의 미래산업이 각광을 받는 이유다.

우리에게 현재라는 시간이 있을까? 흔히 현재라고 하지만 엄격히 말하면 현재라는 시간은 없다. 우리가 현재라고 느끼는 순간 그 시간은 과거로 가 버린다. 오직 과거와 미래가 있다고 생각하라. 과거와 미래 중 지나간 시간보다는 앞으로 올 시간이 어떨 것이냐에 착안하는 것이 미래지향적인 생각이다. 사람들은 미래에 대한 기대가 있고 미래의 꿈을 가지고 있다. 그래서 미래라는 단어가 들어 있는 것을 좋아한다. 책 제목이나 영화 제목에서도 미래가 많이 들어가는 것은 이 때문이다.

미래는 우선 개인적인 관심이 비중이 크다. 누구도 자신의 미래를 알 수 없기에 미래를 예견하는 것에 관심을 기울인다. 해마다 설이 되면 토정비결을 보고 역술가를 찾아 점을 보고 신문에서 운세란을 찾아보는 것은 바로 그런 이유에서이다. 샤머니즘이 오래된 것이지만 현재도 존재하는 것은 사람들이 미래에 대해 여전히 궁금증을 갖고 있기 때문이다. 하기야 다른 종교들도 미래를 이야기하는 것은 마찬가지다. 내세나 천당은 말하자면 미래세계인데 그것을 현재의 시간에서 사람들에게 믿음을 갖게 하는 것이다.

우리가 사회적인 공통성을 가지고 미래산업을 말할 때 다음 세 가지를 이야기하는 경우가 있다. 미래산업은 3I산업이라고 하는데 Intelligent, Information, Integrated가 그것이다. 지식산업, 정보산업, 복합산업을 말하는데 이미 우리의 현실이 되고 있고 앞으로 점점 더 발전할 분야다. 지식산업이란 새로운 지식을 제공하는 소프트웨어 산업을 말한다. 사람들은 지식을 흡수하기 위해 노력한다. 네이버의 지식검색은 이런 욕구를 어느 정도 충족시켜 주는 것이어서 인기를 끌고 있다.

정보산업은 말 그대로 정보를 서로 제공하고 공유하도록 하는 것을 말한다. 휴대폰, 인터넷 등의 발달은 정보의 공유를 획기적으로 발달시켰다. 복합산업은 적분법 산업이라고도 한다. 한 가지가 아니라 여러 가지를 복합해서 사람들에게 제공하고 이를 향유하도록 하는 것이다. 컴퓨터의 멀티미디어가 바로 그런 것이다. 이제는 스마트폰 하나로 전화를 하고 음악을 듣고 사진을 찍으며 게임을 즐기고 TV를 보는 시대가 되었잖은가. 이런 것이 복합산업이다. 지식산업과 정보산업, 복합산업은 유기적으로 연결되어 나타난다. 이 세 가지를 잘 파악하고 활용하면 미래의 주인공이 될 수 있다.

과거에서 현재와 미래를 연결하는 트렌드를 아는 것은 좀 더 확실한 미래준비가 될 것이다. 트렌드를 알기 위해서는 페이스 팝콘의 저서 〈클릭! 미래 속으로〉를 보면 도움이 될 것이다. 그는 이 책에서 미래사회를 움직일 트렌드를 17가지로 정리하고 있다. 그 타이틀만 봐도 도움이 될 듯하여 옮긴다.

1. 코쿠닝Cocooning 트렌드 : 자신의 안식처에 숨으려는 경향
2. 유유상종 트렌드 : 마음이 통하고 가치관이 일치하는 사람들끼리 모이는 현상
3. 환상, 모험 트렌드 : 환상이나 모험을 통해 일상의 탈출을 꾀하는 경향

4. 반항적 쾌락 : 금지된 것에 대한 욕구와 기쁨을 추구하는 경향

5. 작은 사치 : 자신의 능력범위 내에서 사치하고 싶은 경향으로 예를 들면 고급 만년필을 사는 것

6. 영혼에 대한 위로 : 명상산업 등 지친 마음을 으로 받고 싶은 경향

7. 개성 찾기 : 획일화사회에서 나의 개성을 표현하려는 경향

8. 여성적 사고 : 감수성도 여성화, 소비형태도 조직형태도 여성적인 감수성에 의해 결정되는 경향

9. 남성상으로부터의 탈피 : 부드럽고 섬세한 남성상의 추구

10. 짧은 시간에 많은 것 하기 : 간편하고 빨리 끝내는 것의 추구

11. 행복 찾기 : 직함보다 생활의 질을 중시하고 조직보다 나를 위해 산다.

12. 건강과 장수 : 건강과 장수를 위해 아낌없는 투자

13. 젊어지기 : 노령의 결혼이나 연애가 급증하고 의류 및 뷰티 관련 산업의 인기

14. 소비자 감시 : 제품이나 기업에 대해 사소한 불만이라도 표현

15. 우상 파괴 : 과거의 영광에 관심이 없고 지금이 중요

16. 지구를 지켜라 : 숲이 줄어들고 나무가 사라지는 것에 대한 우려

17. 공포 : 광우병, 다이옥신 파동 등의 공포 확산

이 트렌드를 잘 활용하라. 그러면 당신의 생각은 벌써 저만치 앞서 가고 있을 것이다. 남보다 조금 더 앞선 생각이 더 앞선 미래를 창

조해 주는 법이다. 그러면 사람들은 미래에 어떤 직업을 원하는가를 살펴보자. 그걸 알면 거기에서 새로운 비즈니스의 아이디어를 찾을 수 있을 것이다. 사람들의 직업에 대한 희망은 보통 다음과 같다.

1. 생계를 유지하기에 충분한 수입이 있는 것
2. 안전하고 꾸준히 할 수 있는 것
3. 즐겁게 일을 할 수 있는 것
4. 다른 사람에게 해가 되지 않는 것
5. 자유로운 분위기와 내 의견이 받아들여지는 것
6. 남이 인정해 주는 것
7. 사회적 책임과 역할이 있는 것
8. 사회적 지위를 보장해 주는 것
9. 나쁜 인간관계가 일어나지 않는 것
10. 성취감을 늘 맛볼 수 있는 것
11. 새로운 기술을 받아들여 적용시킬 수 있는 것
12. 나만의 개성적인 일을 추진할 수 있는 것
13. 세련된 느낌을 주는 것

미래는 금방 현실이 된다. 수십 년 전 빌 게이츠가 예언한 〈미래로 가는 길〉을 다시 보라. 그 내용이 바로 오늘날의 현실이다. 〈미래 마케팅〉이란 책도 도움이 될 것이다. 이 책에서는 작은 시작으로 큰 사업을 펼칠 수 있는 사례를 보여 준다.

50. 이벤트를 펼쳐라

마드리드 거리에서 만난 여장남자. 개인이 하는 소소한 이벤트지만 작은 즐거움을 준다. 인생은 이벤트의 연속이어도 좋다.

이벤트는 남이 하지 않은 것을 택하고 화려한 느낌을 주어야 한다.
보여만 주는 것보다 참여하게 하는 것이 더 좋다.

우리나라에도 참 많은 이벤트가 펼쳐지고 있다. 하루에도 몇 개의 이벤트를 볼 수 있다. 이 이벤트라는 말이 우리에게 즐거움과 기대를 준다. 그런데 막상 이벤트를 보면 식상하거나 참여하기 어려운 것들이 많다. 이벤트에 크리에이티브 요소가 부족하기 때문이다. 어떻게 해야 이벤트에 사람들이 관심을 갖고 몰리게 될까?

우선 이벤트는 즐거운 것이어야 한다. 그래야 많은 사람들이 참여하게 된다. 이벤트는 가능한 언론에 기사가 날 수 있는 아이디어를 찾아야 한다. 경품을 줄 경우에는 가능한 많은 사람들에게 혜택이 돌아가는 경품을 선택하고 이벤트 이후의 믿음으로 연결하기 위해 공정하게 진행된다는 사실을 적극 알려야 한다. 보다 효과적인 이벤트를 전개하기 위해서는 다음의 13가지를 유의해야 한다.

1. 이벤트의 목표를 확실히 하라. 브랜드를 알리는 것인지, 회원 가입을 권하는 것인지. 판매를 위한 것인지. 두 마리, 세 마리 토끼를 잡으려는 생각은 버려라.

2. 이벤트 대상의 연령과 특성에 맞는 제품이나 경품을 선정하라. 많은 계층을 대상으로 하면 날카로움이 사라진다.

3. 이벤트는 남이 하지 않은 것을 택하고 화려한 느낌을 주어야 한다. 광고와 디자인에 유의하라.

4. 고가의 경품도 좋지만 저가로 많은 사람에게 혜택이 가는 걸 택하라. 사람들은 확률이 높은 걸 선호한다.

5. 소비자들은 이벤트에 불신을 갖고 있다. 믿음을 주는 기획이 되도록 하라.

6. 협찬이나 제휴 등을 다각적으로 모색하여 공동 마케팅의 효과를 노려라.

7. 경품관련 사이트나 게시판 등을 최대한 활용하여 널리 알려라. 그러나 스팸이 되지 않도록 조심하라.

8. 즐거운 이벤트로 구성하여 소비자들이 이를 즐기도록 하라. 경품을 받지 못해도 즐거운 추억이 생기도록 하라.

9. FAQ 혹은 게시판이나 문의 시는 최대한 빨리 성의껏 답하라. 임시방편의 답은 피하라.

10. 경품 당첨자는 반드시 개별통보를 하고 당첨 사실을 크게 알려라.

11. 이벤트가 공정하게 진행되는 방법을 강구하고 이를 적극 알려라.

12. 이벤트에 참여하는 사람들의 데이터베이스를 구축하여 마케팅에 활용하라.

13. 이벤트 결과를 분석, 평가하여 다음 프로모션의 기획 자료로 활용하라.

재미있는 이벤트 쇼핑몰도 있다. 고무신을 거꾸로 못 신게 하는 쇼핑몰 울앤닷컴(www.wooln.com)은 군대 간 남자친구를 기다리며 애태우는 여성들을 위한 전문 쇼핑몰이다. 군대에서 고생하는 남자

친구에게 특별한 감동을 주자는 취지에서 탄생한 게 특징이다. 이 쇼핑몰엔 군인들이 보면 눈물을 흘릴 상품들이 정말 많다. 야간 근무를 설 때 유용한 철모 땀받이나 모기퇴치 스티커를 비롯해 생일이나 전역 100일 전 같은 특별한 기념일을 챙기기 위한 현수막까지 마련했다. 말 그대로 이벤트 아이디어를 쇼핑과 접목시킨 것이다. 벌써 17여 년 전에 탄생한 이 쇼핑몰은 초반엔 20대 여성의 수요에 힘입어 급성장했지만 유사업계의 도전을 받고 있다.

이벤트에서 잊지 말아야 할 것은 퍼블리시티Publicty다. 이벤트 현장에 참여한 사람만 대상으로 이벤트를 벌인다면 비용을 투입한 것에 대한 효과는 적게 마련이다. 이벤트를 펼치고 이에 대한 기사가 신문이나 TV에 나온다면 금상첨화다. 이벤트에 직접 참여하지 않는 사람들도 기사를 통해 이벤트를 알게 되고 주최자를 알게 된다. 기업의 홍보를 위해서 무척 유용한 방법이다. 그런데 기자들이 이벤트 사실을 기사로 잘 안 써 주는데 문제가 있다. 보통 기업체 홍보실이나 홍보 대행사에서는 기자들과의 친분이나 기사화를 위한 비용투입으로 기사화를 꾀하는 것이 상례다. 말하자면 Push, 즉 밀어내기 전략이다. 그러나 그것보다는 Pull, 즉 기자들이 찾아와 취재를 해 가면 최상이다. 당연히 그렇게 해야 하는데 이게 만만치가 않다.

그러므로 이벤트를 벌일 때 전략과 크리에이티브를 잘 짜야 한다. 기자들이 관심을 갖고 기사화해 주는 아이디어를 찾아야 한다. 그래서 기사되는 것을 '크리에이티브 퍼블리시티Creative Publicity라고 한다. 즉 크리에이티브한 아이디어로 기사화를 유도하는 전략을 말한다. 이 전략을 잘 활용한 것이 결혼정보회사인 선우였다. 그들은 추석귀향을 이용한 맞선 등 새로운 아이디어로 기자들의 관심을 끌었다.

　　기업이든 개인이든 이벤트를 생각하면 새로운 비전이 보이게 된다. 엄마 뱃속에서 태어나 살다가 다시 흙으로 돌아가는 인생이란 것이 어차피 하나의 이벤트가 아닌가! 그러므로 나의 삶을 하나의 이벤트로 만드는 것이 성공의 열쇠가 될 수 있다. 연애를 하거나 부모님을 기쁘게 하거나 혹은 기업이 고객을 대상으로 뭔가를 할 때 이벤트를 생각하라. 이벤트를 적극 펼쳐라.

51. 습관을 만들어라

프랑크푸르트 도서전 포스터. 책을 읽는 것도 습관이다. 독서는 취미가 아니고 습관이어야 한다.

던킨이라고 하면 보통 도넛만 생각한다. 원래 커피와 도넛인데 우리는 그렇게 생각하는 것이다.

던킨은 커피와 도넛을 같이 즐기는 습관을 들이려고 하고 있다.

던킨 도넛은 한때 마케팅 전략을 강력하게 추진했다. 커피와 도넛을 함께 먹도록 하는 것이다. 그동안 많은 광고활동을 펼쳤기 때문에 이제 어느 정도 인식은 되어 있으나 소비자들이 그런 습관을 들일지는 아직 미지수이다. 새로운 습관을 들인다는 것은 그만큼 어렵다. 마치 말을 물가에 데려가도 물을 먹일 수 없는 것과 마찬가지다. 물론 던킨의 이런 노력은 성공을 거두고 있다. 그 누구도 도넛과 커피를 같이 먹자고 한 적이 없었기 때문에 오히려 새로운 유행을 만들 수 있었기 때문이다. 그리고 광고 자체도 훌륭하여 소비자의 마음속으로 파고 들어가는 힘이 느껴진다. 던킨이라는 이름이 Dunk In에서 나왔다는 사실을 아는 사람은 안다.

우리는 누구나 다양한 습관을 가지고 있다. 좋은 습관은 아이디어의 에너지가 되지만 나쁜 습관은 성공의 방해꾼이 된다. 습관 중 나쁜 것은 고쳐야 하고 좋은 습관을 많이 가져야 한다. 이 책에서 말하는 '생각 사전'의 여러 가지를 습관으로 가지면 당신은 훌륭한 아이디어맨이 될 수 있고, 성공을 이룰 수 있다. 한꺼번에 습관을 들이려고 하지 말고 하나씩 차근차근 습관화하라. 그러면 당신은 생각부터 행동까지 달라질 것이다. 습관은 행동을 만들고 행동은 운명을 만든다.

비아그라, 알다시피 남성들의 발기 촉진제이다. 임포 때문에 사랑을 포기한 남자들에게 최고의 희소식은 비아그라였다. 육체적인 사랑도 정신적인 사랑 못지않게 중요한 것이니 비아그라는 인류의 행복에 엄청 기여하고 있는 셈이다. 남자라면 누구나 사랑하는 여자가 육체적 만족을 느끼는 모습을 보고 뿌듯함을 느끼고 싶을 테니 말이다. 그러나 사랑하는 여자를 보고 사랑의 마음이 생겨야지 비아그라가 있어야만 뭔가를 할 수 있는 습관을 가졌다면 그건 별로 좋은 습관이 아니다. 그런 습관이라면 들이지 않는 것이 좋다. 뭐든지 자연스러운 것이 제일 좋으니까. 사람의 생각이나 아이디어 발상 습관도 마찬가지다. 남의 힘을 빌려 생각을 얻는 습관이 들면 스스로 생각할 능력을 가지지 못하게 된다. 마치 물고기를 주다 보면 물고기를 잡는 법을 모르는 것과 같다. 물고기를 얻지 말고 물고기 잡는 법을 배워라. 물고기를 잡는 법을 알려 주는 것이 이 책의 목적이기도 하다.

습관은 심리학에서 규칙적으로 되풀이되는 행동을 일컫는 말인데 보통 무의식적으로 행해지며 선천적이기보다는 후천적인 행동을 가리킨다. 우리가 생활하면서 먹고 자는 것은 물론 생각하고 행동하는 그 어떤 것이든 습관이 될 수 있다. 습관은 대개 반복을 통해 몸에 익히게 된다. 그러면 탁월한 생각을 할 수 있는 아이디어맨이 되기 위해서는 어떤 습관을 가지면 좋을까? 우선 다음의 10가지를 몸에 배이도록 하라.

1. 무엇이든 기록하라

기록은 훌륭한 습관이다. 늘 노트를 가지고 다니면서 뭐든지 기록하라. 글로 쓰는 것이 번거롭다면 녹음을 하든지 사진을 찍어라. 그리고 노트북이나 컴퓨터에 일일이 기록하고 정리하라. 언제든지 필요할 때 활용할 수 있도록. 활용할 수 없는 메모는 쓸데없는 것이다.

2. 뭔가를 보면 그 이유가 뭔가 생각하라

모든 것에는 다 이유가 있다. 이유를 찾아보면 그 뭔가를 처음 만든 사람의 생각을 읽을 수 있다. Why라는 물음을 몸에 배이도록 하라. 호기심을 주체하지 못하는 아이처럼 늘 호기심을 갖고 질문을 하고 답을 얻어라.

3. 다르게 생각하라

다른 사람과 같은 방식으로 생각하면 색다른 습관을 기를 수 없다. 뭐든지 일단 다르게 생각하라. 출발이 다르면 도착이 다르다. 처음 생각부터 다르게 해 보라. 결과는 반드시 달라진다.

4. 사람들의 행동을 관찰하라

사람의 행동에는 반드시 이유가 있고 사람마다 독특한 행동습관이 있다. 그걸 관찰하면 사람을 설득할 수 있는 아이디어를 얻을 수 있다. 나는 사람의 행동을 보고 명사형 인간, 형용사형 인간. 동사형 인간으로 구분한다. 그것은 내가 사람을 보는 하나의 기준이다.

5. 책을 많이 읽어라

책을 읽는 습관을 가진다는 것은 가장 훌륭한 습관이 된다. 책은 가장 저렴하게 여행을 하게 하는 것이며 가장 편하게 연애를 하는 것과 같다. 나는 서점에 가면 일단 책을 10권 정도 그 자리에서 읽어치운다. 물론 속독법을 익혀 두면 좋다. 그리고 여러 권을 사서 집안 곳곳에 던져 둔다. 한 권씩 처음부터 끝까지 읽는 경우도 있지만 아무 페이지나 펼쳐 보는 것도 좋다. 수입의 10% 이상은 반드시 책에 투자하라. 책에 십일조를!

6. 남의 이야기를 잘 들어라

남의 이야기를 잘 듣는 사람이 말이 앞서는 사람보다 훨씬 더 생각이 깊어지게 된다. 다른 사람의 경험을 자신의 것으로 받아들여라. 귀는 두 개지만 입은 하나인 이유는 남의 이야기를 더 많이 들으라는 것이라고 한다. 입 무게를 무겁게 하라.

7. 고집을 버리고 융통성을 가져라

고집을 부리면 새로운 생각과는 안녕하는 것과 같다. 융통성은 새로운 아이디어의 출발점이다. 물론 고집을 부려야 할 경우는 부려야 하겠지만 고집에 앞서 융통성이 기본이 되어야 한다.

8. 나의 생활패턴을 변경해 보라

생활패턴을 바꾸는 것은 쉽지 않다. 전체를 바꾸는 것이 힘드는 일이니 우선 작은 것부터 바꾸어 보라. 일어나는 시간, 밥 먹는 방법, 사람을 만나는 장소, 인사하는 방법 등.

9. 우선 주변에서부터 해결점을 찾아라

아이디어는 멀리 있는 것이 아니다. 해결책은 늘 가까이 있다. 주변을 둘러보라. 하나하나 주변부터 따져보라. 책상 위를 보고 옆 사람을 보라. 노련한 수사관은 사건 현장에서 반드시 단서를 찾아낸다.

10. 언어감각을 익혀라

아이디어는 언어지향적이다. 언어감각이 없으면 생각의 울타리를 쳐 놓은 것과 같다. 우선 우리나라 말에 대해 능통하라. 그리고 영어나 일본어 등을 배워라. 언어는 생각의 창고다.

52. 비교하라

여자의 몸매가 달라지면 인생이 달라진다는 성형외과 광고. 빈손과 다이아몬드 반지를 낀 손을 비교하면서 여자들에게 어필하려는 의도다.

사람들은 비교해서 보여 주는 정보를 원하는 만큼

당신이 그 정보를 줄 수 있다면 경쟁에서 이길 것이다.
모든 것의 장점과 단점을 당당하게 비교하라.
비교는 생각의 경쟁력을 키워 준다.

로또를 한 번쯤은 사 보았을 것이다. 인생역전이라는 로또. 우리
나라나 외국이나 로또는 일확천금을 꿈꾸는 사람들에게 불가능에 가
까운 꿈을 주는 대명사가 되었다. 물론 당첨되는 사람이 있긴 하지만
그게 나의 일이 되기란 참 어렵다. 워낙 확률이 적으니 말이다. 그래
도 오늘도 로또를 사려고 지갑을 여는 사람이 부지기수일 것이다. 로
또에 당첨되면 인생은 확 달라진다. 현재의 삶과 당첨 후의 삶을 비교

해서 보여 주는 로또 광고가 있었다. 형편없는 오늘의 삶과 로또에 당첨된 후의 화려한 삶을 비교해 보여 주면서 '오늘 로또나 한 장 사야겠다. 나도 저렇게 살아 봐야지.'라는 마음을 자극한 것이다.

비교는 정보다. 비교는 사람들에게 생각의 기회를 주고 선택의 판단을 주는 것이다. 물론 비교를 잘 못하면 남을 비방하는 결과가 되기도 하지만 비교는 그 자체가 나쁜 것은 결코 아니다. 우리는 비교를 싫어하는 편이다. 정당한 비교는 반드시 필요한 것인데 비교를 터부시하는 경우가 많았다. 물론 지금은 사회 전반에 걸쳐서 비교를 당연히 하는 풍조가 생겼다. 반가운 일이다.

대한항공과 아시아나항공이 가격경쟁을 하다가 아시아나가 새 비행기냐 헌 비행기냐를 놓고 비교 광고를 한 적이 있다. 대한항공이 가격을 인하하니 노선이 적은 아시아나는 가격경쟁을 할 수 없어 다른 비교를 찾아야만 했다. 결국 그들이 찾은 것은 비행기의 수령이었다. 그래서 새 비행기 헌 비행기 시비를 일으켰다. 요컨대 아시아나는 새 비행기인데 대한항공은 헌 비행기라는 이야기다. 대한항공이 가만히 있을 리가 없다. 결국 공정거래위원회에서 아시아나의 비교가 자칫 비방으로 보일 수도 있어 금지시켰지만 이런 비교의 시도는 대단히 좋은 것이다.

우리나라의 칠성사이다는 사이다 시장에서 절대적인 우위를 가지고 있다. 킨사이다나 세븐업 혹은 여타의 사이다는 경쟁이 아니다. 칠성사이다는 콜라와의 비교를 시도했다. 물론 콜라라면 코카콜라이다. 칠성에서는 펩시를 팔고 있지만 펩시가 2위이므로 1위인 코카콜라를 건드린 것이다. 맑고 투명한 사이다를 마시겠느냐 색깔 있는 음료를 마시겠느냐는 비교로 코카콜라의 심기를 불편하게 했다. 칠성사이다의 입장에서야 토종 음료의 입지를 확실하게 해야 하므로 코카콜라의 약점을 잡아 소비자에게 어필해야겠다는 의지를 보여 준 것이고 코카콜라의 입장에서는 세계적인 음료의 브랜드 파워를 상실하고 싶지 않았을 것이다.

요즘 인터넷 쇼핑에서 가격비교를 해놓은 곳이 많다. 네이버 쇼핑 같은 곳에 들어가면 당연하다는 듯이 가격 비교를 해놓았다. 같은 물건이라면 싸게 사는 것이 현명하니 당연히 비교를 해 보고 산다. 필자도 얼마 전 카메라 렌즈를 비교해서 거의 10만원이나 싸게 구입한 적이 있다. 만약 가격을 비교하지 않았더라면 10만원이라는 아까운 돈을 헛되이 썼다는 자괴감을 오랫동안 느꼈을 것이다. 가격비교 사이트는 같은 제품의 성능과 가격을 비교해 보여 줌으로써 소비자들에게 이익을 주는 곳이다.

학문에서도 비교학문은 상당히 가치 있는 일이다. 예를 들어 비교문학을 통해 두 나라 문학의 공통성과 이질성을 추구하고 발전방향을 탐색해내는 것은 가치 있는 일이므로 많은 사람들이 비교문학 같은 학문에 몰두하고 있다. 비교문학을 통해 시대상과 국민성 그리고 미래의 모습까지 발견할 수 있다.

자, 이제 비교를 실천해 보자. 우선 우리나라의 옛날 생활과 요즘

생활을 분야별로 비교해 보자. 그러면 현재 생활에서 고쳐야 할 부분이 떠오를 것이다. 선진국과 우리의 생활을 비교해 보면 역시 고쳐야 할 점과 우리의 장점을 더 확대시킬 점들이 보일 것이다. 하나만 봐서는 잘 판단이 안 된다. 마치 흰색을 더 잘 보이게 하려면 바탕을 검은색으로 하는 이치와 같다.

만약 그대가 경쟁관계에 있는 제품이나 서비스를 기획하고 판매하는 분야에 있다면, 혹은 개인사업을 하는 사람이라면 경쟁자와의 비교를 시도할 필요가 있다. 사람들은 비교해서 보여 주는 정보를 원하는 만큼 당신이 그 정보를 줄 수 있다면 경쟁에서 이길 것이다.

비교는 새로운 생각을 하게 하는 기초이며 아이디어의 출발점이다. 무엇보다 사람의 행동과 말, 생각하는 방법 등을 비교해 보고 제품이라면 디자인, 품질, 가격, 사용법, 내구성 등을 비교해 보라. 내가 하는 방법과 다른 사람이 하는 방법을 비교해 보라. 나의 하루와 사장의 하루를 비교해 보라. 성공한 사람의 사고방식과 나의 사고방식을 비교해 보라. 앞선 리더들의 생각과 행동을 나와 꼼꼼히 비교해 보면 거기에 번뜩이는 생각의 잡을 수 있을 것이다. 앞서간 사람의 이야기를 우리가 알아야 하는 것은 그만큼 가치가 있기 때문이다. 위인전이나 최근의 세계를 움직인 리더들의 자서전을 열심히 보기 바란다. 자신을 진솔하게 벗겨놓고 그들과 비교해 보라.

인간은 비교하는 동물이라는 점을 잊지 마라.

53. 옷에 변화를 주라

리바이스 유니섹스 청바지 광고. 손은 남자 손인데 엉덩이는 여자다.
유니섹스의 특징을 한 장의 사진으로 표현한 광고다.

옷의 변화는 단순히 패션의 변화만이 아니다.
생각의 변화를 가져다준다.

멋진 몸매를 가진 여성. 돌아선 모습을 보니 할머니다! 누구나 입
으면 멋있게 된다는 리바이스 블루진 광고가 있었다. 블루진은 자유와
젊음을 상징한다. 블루진을 입으면 자유로운 생각을 하고 앞서 가는 아
이디어를 얻을 수 있을 것 같은 느낌을 준다. 누구나 쉽게 입을 수 있는

블루진이지만 자신의 체형에 따라 알맞은 스타일을 찾아야 한다. 옷이 달라지면 생각이 달라지고 생각이 달라지면 인생이 달라진다.

자유로운 생각을 하기 위해서는 가능하면 자유로운 옷을 입는 것이 좋다. 넥타이를 매고 단정한 옷차림으로는 자유분방한 생각을 하기 쉽지 않다. 그래서 광고회사 같은 곳은 영업부서 외에는 정장을 하지 않는다. 자유스러운 생각을 하라고 옷이나 머리 모양에 규제를 하지 않는 것이다. 물론 옷을 자유스럽게 입었다고 생각도 자유스러운 것이 아닌 사람도 많지만. 지금은 광고회사만이 아니라 많은 기업들이 캐주얼을 입는 경우가 많다. 평일에는 정장을 해도 주말에는 캐주얼을 입도록 한다.

대학교수 중에도 정장을 하는 사람이 있는가 하면 캐주얼을 즐기는 사람이 있다. 나는 학교강의 시 비교적 캐주얼을 즐기는 편이다. 내가 가르치는 학문이 카피라이팅이고 아이디어 발상법인데 딱딱한 옷차림으로는 곤란하다. 그래서 늘 캐주얼을 하는 편이다. 그런 차림으로 나서면 학생들도 더 다가오게 되고 강의 효과가 올라갈 수 있다. 물론 캐주얼에도 나름대로의 법도가 있다. 무조건 아무렇게나 입는다고 될 일이 아니다. 오히려 정장보다 캐주얼을 잘 입기가 더 어려운 일인지도 모른다. 내가 아는 어떤 패션 디자이너는 이렇게 말한다.

"청바지를 제대로 입으려면 적어도 10년의 경험이 필요하다.
10년쯤은 지나야 자기에게 맞는 청바지를 찾을 수 있다."

나는 이 말에 적극 동감한다. 나도 그랬다. 오랫동안 청바지를 즐겨 입었지만 정말 나한테 딱 맞는 느낌은 10년 정도 지났을 때 발견했다. 사실은 그때 옷을 발견한 것이 아니라 감각을 발견한 것이다. 어떤 물건이든지 마찬가지일 것이다. 오랫동안 사용하다 보면 비로소 그 물건의 가치를 알게 되고 그 물건과의 교감과 진정한 감각을 찾을 수 있다. 캐주얼은 간편한 옷차림의 뜻이다. 캐주얼은 젊음과 자유를 의미한다. 옷차림을 간편하게 하고 자유로운 생각을 떠올려라. 그리고 정말로 자신의 감각에 맞는 캐주얼을 찾아라. 그냥 캐주얼이 아니라 자신에게 딱 맞는 옷을. 그래야 진정한 자유를 느낄 수 있으니 말이다.

이제 정장 이야기를 해 보자. 정장은 일종의 형식이다. 그러나 형식은 의미를 낳는다는 것을 기억해야 한다. 결혼식이라는 형식이 있어 사람의 결혼이 더욱 가치가 있는 법이다. 옷을 어떻게 입느냐에 따라 다른 사람의 시선도 달라지고 자신의 태도도 달라진다. 정장을 입으면 생각이나 행동이 의젓해지고 바른 생각을 하게 된다. 정장의 힘이다. 그 사람의 언행처럼 옷도 그 사람의 이미지를 나타내기 때문에 정장을 하면 우선 사람이 달라 보인다. 늘 운동복을 입고 있는 모습만 보던 운동선수가 정장을 했을 때 신선하고 멋있다고 느낀 적이 있을 것이다. 필요할 때 적극적으로 정장을 하라. 정장을 하면 정장에 맞는 아이디어가 나오기 마련이다. 말투가 달라지고 걸음걸이가 달라지고 행동이 달라지므로 생각이 달라진다. 고급스러운 정장을 입고 상스러운 행동을 할 수는 없다.

정장적인 생각. 예를 들면 영어를 배우는 것도 마찬가지다. 영어를 어떻게 배우느냐에 따라 전혀 다른 영어를 쓰게 된다. 우리나라의 영어교육기관인 민병철 영어를 배운 사람이 미국서 영어를 하는데 미국 사람이 묻더라는 것이다. 당신은 어디서 그런 고급영어를 배웠느냐고. 민병철의 영어는 말하자면 영어의 정장 같은 것이라고 한다.

외국에 세미나를 가면 다음날의 옷에 대해 이야기를 해 주는 경우가 많다. 보통 '내일은 블랙타이입니다.'라고 하면 정장을 입으라는 이야기다. 까만 넥타이만 매고 나오라는 이야기가 아니다. 혹은 캐주얼을 입으라고 일러 주기도 한다. 그날의 일정에 따라 정장이나 캐주얼을 하라는 것인데 옷을 뭘 입느냐에 따라 분위기가 사뭇 달라지고 화제가 달라진다. 식사 메뉴가 달라지고 앉는 자세도 달라진다. 그러므로 필요할 때 적극적으로 정장을 하라. 정장을 하면 전혀 다른 아이디어가 나올 수도 있다.

정장은 법적, 사회적으로 규정된 정식 복장을 말하고 옷을 잘 차려입는 것은 성장이라고 한다. 남자의 정장은 아메리칸 스타일, 브리티시 스타일, 유러피안 스타일, 이탈리안 스타일로 나뉘는데 정장을 하는데도 센스가 있어야 한다. 정장은 보통 감색이나 회색, 검정색, 베이지색, 밤색 등을 입는데 자신에게 맞는 색깔을 선택하는 것이 중요하다. 우리나라 사람에게는 밤색이나 베이지색 정장은 잘 안 어울리는 경우가 많다.

드레스셔츠(우리는 보통 와이셔츠라 하는데 틀린 표현이다.) 안에는 속옷을 안 입는 것이 원칙이고 반팔 셔츠도 원칙에서 벗어난다. 주머니에 여러 가지를 넣으면 모양새가 안 좋고 상의 주머니는 그냥 장식일 뿐이므로 펜 같은 것을 꽂는 것은 난센스다. 흰 양말을 신으면 촌스러워 보이고 넥타이 길이를 잘 조절해야 멋이 살아난다. 벨트와 멜빵을 같이 하는 것 역시 어울리지 않는다.

캐주얼이든 정장이든 모두 나름대로의 가치가 있다. 언제 어떤 옷을 입느냐는 자신이 판단할 일이다. 그리고 옷에 따라 다른 생각을 적극적으로 해 보라. 그래야 발전이 있다.

54. 운동하라

현대인의 생활은 운동의 필요성을 더욱 부각시키고 있다.
헬스를 하거나 등산을 하거나 하여간 땀을 흘려라.
땀을 흘리면 몸도 마음도 생각도 다이어트가 된다.

피트니스 잡지 표지. 건강하고 아름다운 모델을 등장시켜 운동의 욕구를 자극하고 있다. 사진만으로라도 운동의 필요성을 느끼게 한다.

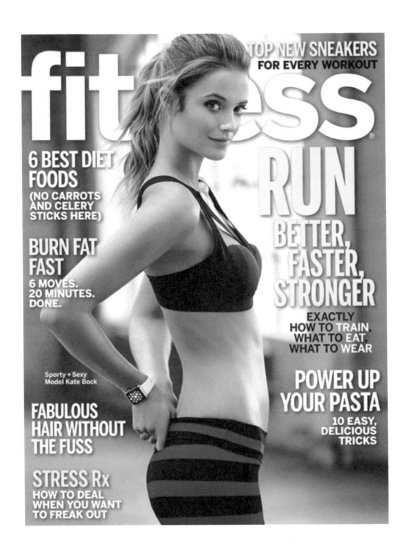

앞 페이지 사진을 다시 보라. 이 사진의 여자, 정말 멋지지 않는가! 이런 몸매가 멋지다고 느낀다면 당신도 운동을 하라. 이 사진은 이렇게 주장하고 있다. 남의 몸매만 보지 말고 직접 운동을 해서 결과를 보라고 한다. 하기야 운동의 필요성을 느끼지만 실천하기는 어렵다. 운동은 실천이 중요하다. 운동을 하면 몸만 좋아지는 것이 아니다. 땀을 흘리는 만큼 정신이 맑아지고 생각이 또렷해진다. 체력은 국력이라고 하는데 체력은 정신력과도 통한다. 체력이 좋아야 많은 활동을 할 수 있듯이 건강해야만 다양한 생각이 가능하다.

필자도 늘 운동을 하는 편이다. 겨울에는 스키를 즐겨 탄다. 일주일에 두세 번은 스키장에 가서 온몸이 땀에 푹 젖고 다리가 뻐근해질 때까지 슬로프를 활주한다. 몸이 뻐근하지만 머리는 상쾌하고 새로운 아이디어가 샘솟는 걸 느낀다. 슬로프 정상에 올라 내려다보는 것만으로도 머릿속이 상쾌해지고 아래를 향해 질주를 하면 한없는 쾌감을 느낀다. 산에 오르는 건 또 어떤가? 숲속의 피톤치드는 머리를 상쾌하게 해 주고 맑은 공기는 새로운 생각을 자극한다.

운동은 몸만 다듬어 주는 것이 아니라 머리도 다듬어 준다. 혼자 산을 오르는 시간은 온전히 생각에 젖도록 만들어 주는 시간이다. 몇 년 전에 히말라야를 보기 위해 높은 산으로 트레킹을 하면서 며칠 동안 정말 많은 땀을 흘렸다. 또 그 땀의 무게보다 훨씬 더 많은 생각의 열매를 거두었다. 내가 올라간 산의 높이보다 더 높은 생각의 높이를 나는 경험했다. 요즘 자전거가 유행이다. 여기저기 자전거를 타는 사람들이 많이 보인다. 자전거는 균형과 인내의 스포츠다. 묵묵히 균형과의 싸움을 시작하는 사람들은 곧 균형과 속도가 주는 즐거움을 만끽하게 된다.

라오스를 여행했을 때 라오스의 수도 비엔티안에서 에어로빅을 하는 사람들을 보았다. 변화를 별로 좋아하지 않는 라오스 사람들이라는데 메콩 강가에서 코치의 시범에 맞추어 많은 사람들이 에어로빅을 하고 있었다. 자전거를 타거나 인라인을 타는 사람도 많았다. 이 더운 나라에서 운동을? 뜻밖의 풍경에 나뿐만 아니라 많은 외국인들이 서서 구경을 했다. 인민민주공화국 라오스에서 에어로빅은 낯설어 보였지만 그들의 표정은 진지했다. 가만히 있어도 더워서 땀이 나지만 운동으로 흘리는 땀의 가치를 그들도 알고 있었던 것이다.

사람들을 스포츠라는 것과 연결시키는 것은 마케팅에서 새로운 아이디어다. 스포츠 마케팅이라고 하는 것을 이미 세계적인 기업들은 적극 활용하고 있다. 당신이 스포츠에서 새로운 착안을 얻기 위해서는 우선 스포츠 마케팅이라는 것을 배워 둘 필요가 있다. '왜 사람들은 스포츠에 열광하는가? 스포츠를 통한 기업 이미지나 제품 판매는 어떻게 연결시키는가?' 하는 것들을 숙지하라.

스포츠 마케팅을 하는 기업은 회사와 브랜드의 인지도를 높이고 기업 이미지를 개선하는 데 우선 목적을 두고 있다. 스포츠 마케팅은 스포츠의 마케팅Marketing of Sports과 스포츠를 이용한 마케팅Marketing with Sports의 두 분야를 포괄하는 개념인데 이는 스포츠 마케팅을 집행하는 주체가 누군가에 따라 구별된다. 스포츠의 마케팅은 스포츠 경영학의 일부로서 관람 스포츠와 참여 스포츠에서 많은 관중이나 회원을 확보하기 위한 활동이고, 스포츠 제조업에서는 스포츠용품 등을 판매하기 위한 마케팅 활동이다.

여기서 우리가 생각해야 할 것은 '스포츠를 이용한 마케팅'이다. 당신이 어떤 기업에서 어떤 일을 하든지 스포츠를 당신의 마케팅에 도입해 보라. 그러면 새로운 마케팅의 방법이 생길 것이다. 사람들에게 잘 알려진 것은 물론 생소한 스포츠까지 다양한 스포츠를 활용하라. 그러기 위해서는 스포츠에 대한 깊은 상식을 갖추어야 하든지 스포츠 전문가를 활용할 수 있다.

세계 스포츠 마케팅 성공의 대명사로 통하는 것은 미국 나이키 사의 타이거 우즈 마케팅이었다. 나이키는 타이거 우즈에게 5년간 거금을 들여 홍보맨으로 발탁했다. 우즈가 골프 경기에 나올 때마다 착용하는 옷과 신발에는 나이키의 로고가 선명하게 찍혀 세계인들에게 나이키의 모습을 각인시켰다. 삼성연구소가 내놓은 한 보고서에 따르면 나이키는 타이거 우즈를 이용한 스포츠 마케팅으로 어려움에 빠졌던 골프용품 사업을 살려냈다고 한다.

운동을 하라. 운동을 통해 스스로 생각의 높이를 한껏 올려라. 그리고 스포츠 마케팅을 적극 도입하라. 스포츠 마케팅은 현대인에게 가장 어필하는 수단이라는 것을 잊지 마라.

55. 유혹하라

BMW의 중고차 광고. 섹시한 여인이 짓는 유혹의 미소만으로도 이 광고에 관심을 갖게 한다.

당신의 생각에
유혹이라는 양념을 넣어 보라.
그러면 그것은 새로운 아이디어가 된다.
모든 감각을 통한 유혹의 기술을 연마하라.

BMW는 많은 이들의 로망이다. 근데 현실은 돈 때문에 망설이게 된다. 중고차를 사고 싶지만 망설여진다. 그 심리를 거꾸로 자극한 것이 앞의 광고다. 매혹적인 여인이 웃으면서 하는 말을 들어보라.

"내가 처음 아닌 거 알고 있지?"

이미 경험이 있어도 매혹적이라는 점을 이야기한다. BMW도 마찬가지라는 것이다.

왈리스 드레스라는 브랜드가 있었다. 여자의 몸매를 유혹적으로 만들어 주는 옷의 브랜드였다. 이 옷은 죽여준다는 카피를 썼다. Dress to Kill이라고. 매력적인 여성을 정신없이 바라보다가 다리난간을 박아 버린 운전자, 이발소에서 면도를 하는 이발사가 칼을 손님의 목에 대고 있으면서 지나가는 여자를 정신없이 바라보는 것도 있고, 전철을 탄 사나이가 창밖으로 목을 내밀고 여자를 정신없이 바라보는 것도 있다. 옷 한 벌의 유혹은 이렇게 대단한 힘을 가지고 있다는 점을 강조한다. 여자가 남자의 성적 욕구를 유혹하기 위해서는 옷이 중요한 역할을 한다.

유혹이라는 단어는 비단 남자와 여자와의 성적인 데에서만 존재하는 것이 아니다. 우리 생활에 많이 나타나는 것이다. 거리를 걷다가 중국집에서 풍겨 나오는 짜장면의 냄새는 식욕의 유혹이며 꽃집에 놓인 꽃다발은 향기의 유혹이다. 한때 짜장면을 자장면이라고 쓴 적이 있다. 어감에서 덜 유혹적이었는데 다행히도 복수표준어로 인정되어 함께 쓸 수 있게 되었다. 짬뽕을 잠봉이라고 하면 맛이 나겠는가

말이다.

야근을 한 후 침대를 보면 잠의 유혹이 생기고 멋진 경치를 보면 여행의 유혹을 느낀다. 유혹의 사전적 정의는 '나쁜 꾐'으로 나타나고 있지만 이처럼 우리의 생활 속에는 늘 온갖 유혹이 존재한다. 보석의 유혹, 옷의 유혹, 음악의 유혹, 미각의 유혹, 아름다운 여인의 유혹, 술 한 잔의 유혹, 잠의 유혹, 여행의 유혹, 영화의 유혹, 꽃의 유혹 등 유혹의 종류는 무한하다. 유혹이라는 주제는 책이나 드라마, 영화에서 특히 많이 등장하는데 흔히 아름다운 유혹, 슬픈 유혹, 대단한 유혹, 위험한 유혹, 늑대의 유혹, 악마의 유혹 등의 표현을 쓰고 있다.

설득은 의미 그대로, 말을 하여 뭔가를 얻는 것을 뜻한다. 설득적 커뮤니케이션이라는 말을 많이 하는데 설득을 보다 효율적으로, 전략적으로 하는 수단을 말한다. 설득을 하는 방법은 인류의 역사를 거치면서 수십, 수백 가지의 방법으로 진화되어 왔다. 그중 역사적으로 가장 그 기원이 오래되었으며 가장 원초적인 수단으로 행해지는 설득의 형태는 바로 유혹이다. 유혹은 남녀 간의 사랑에서 나타나는 원초적인 수단에서부터 대통령 선거에서의 이미지 마케팅Image Making의 고차원적인 수단까지의 다양한 형태로 존재하고 있는데 막강한 힘을 발휘하는 기본적인 요인이다.

현대사회에서 유혹은 여러 분야에서 강력한 힘을 발휘한다. 특히 대중매체의 발달을 통해 감성적이며 매력적인 설득 요인, 즉 유혹적인 것이 합리적이고 논리적으로 구성된 설득 요인보다 더욱 많은 영향력을 가지게 되었다. 영상 중심으로의 생활 패턴 변화나 영상 위주의 광고 유행 등은 그런 점을 반영하고 있다.

　로버트 그린이 쓴 〈유혹의 기술〉이란 책이 있다. 그는 이 책에서 유혹의 기술과 강력함이 역사적으로 어떻게 흘러왔으며, 유혹을 위해서는 어떤 설득 전략을 수행해야 하는가를 논하고 있다. 현대사회의 설득 커뮤니케이션을 이해하는 데 도움이 될 것이다.

　사람을 유혹하기 위해서는 인간이 가진 감각기관, 즉 오감에 대해서도 알아 두는 것은 필수다. 오감은 시각, 청각, 후각, 미각, 촉각의 다섯 가지라는 것은 상식이다. 시각의 감각기관은 눈인데 빛의 자극이 시각의 핵심이다. 청각은 진동수로 자극이 이루어지고 후각을 일으키는 것은 공기 중의 휘발성 물질이다. 또한 미각을 자극하는 것은 입 안에서 녹는 여러 가지 수용성 물질이며 촉각은 피부를 통해 느끼는데 온각, 냉각, 통각 등을 받아들인다.

　자, 이제 당신의 생각에 유혹이라는 양념을 넣어 보라. 지금까지 아무도 생각 못 했던 새로운 유혹을 당신은 만들 수 있다면 당신의 성공은 보장받는다. 모든 사람을 다 유혹할 수는 없다. 유혹의 대상을 좁히는 것이 확실한 유혹이 된다. 사람을 유혹하기 위해서는 심리학을 공부할 필요가 있다. 아동심리학, 발달심리학, 청년심리학, 소비심리학 등의 책을 보라. 그리고 평소에 사람의 행동과 말을 관찰해 보라. 백화점이나 슈퍼에서 사람들이 어떤 표정과 어떤 말로 구매를 하는지, 혹은 구매를 포기하는지 관찰하라. 영화나 책의 어떤 매력이 사람을 유혹하는지 연구하라. 일 년 정도의 관찰이면 당신은 최고의 유혹가가 될 수 있다.

Push는 밀어붙여서 추진하는 것이고 Pull은 사람들이 저절로 끌려오는 것을 말한다. 당연이 당신이 생각해야 할 것은 Pull 전략이다. 거기엔 유혹이 필수다. 유혹의 핵심은 끌려오는 것이다. 당신의 생각 속으로 사람을 끌어올 수만 있다면 당신의 인생은 성공으로 들어선 것과 같다.

이 책이 유혹적이었는가? 그러면 이 책도 당신도 성공할 것이다.